氣場修習術

全球100年的超級暢銷書

希恩・德瑪 著
劉霈 譯

The Art and Science of Personal Magnetism

擴大影響力　增加吸引力
全球頂級人士都在運用的成功秘訣

每天練習15分鐘，持續90天，
只要22.5小時，你就可以改變自己的命運！

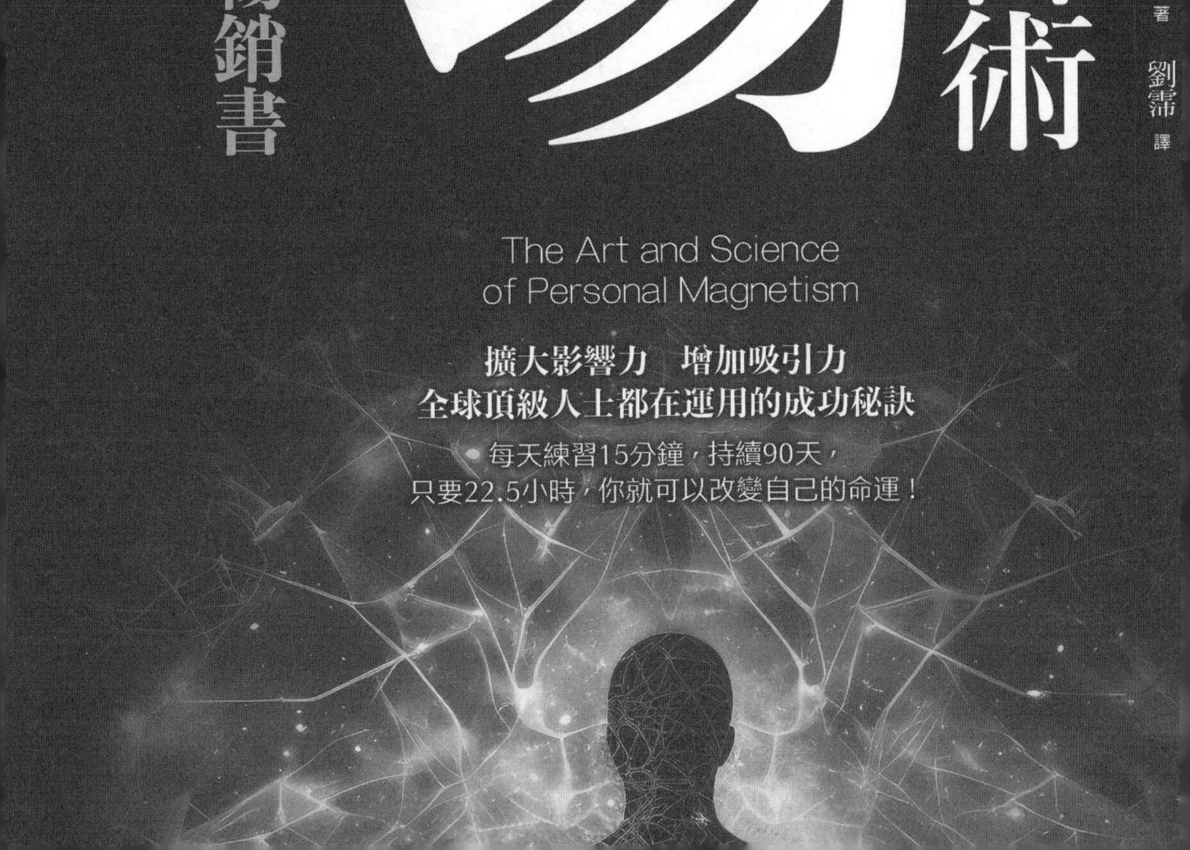

原版前言：東方古代哲學遇上西方現代科學

透過對東方社會的研究，我發現在西方的現代科學中，大多數東方的古代制度甚至「迷信」，都可以找到依據或支持。舉一個例子：基因＋門第觀念＋納妾制度——首先我必須聲明，站在道德的角度，我絕對不是支持門第觀念和納妾制度，因此請不要朝我的頭上扔雞蛋。

西方的門第觀念，在這個時代，衡量的標準主要是看家底是否足夠豐厚；東方的門第觀念，對祖先的成就更注重。在中國，這種以祖先為判斷標準的門第等級觀念最嚴重，某位女性祖上假如是農民，她要嫁到高貴的家庭就是不實際的；某位男性假如未能取得功名，他要蔭庇子孫也是不實際的，很多慘劇都是由這種等級觀念造成的。

最近，我曾經翻看達爾文先生的《物種起源》，被其中一個東西吸引，即「基因」。這是從父母那裡遺傳而來的一種東西，同時會一代一代地傳遞下去，很多東西，諸如智力、性情、遺傳病都被其攜帶著。因此，在完全沒有科學理論解釋的情況下，這種門第觀念就盲目地得到正確的運用，即使他們當時對基因的理論一無所知。

在數千年以前，中國人就明白或許有某種東西從最初對某些人的某些方面產生決定性作用，為這個人奠定基調。因此，他們制定各種規則，並且嚴格遵守，可是對於自己發現的規律究竟如何解釋，他們卻全然不知。

在中國古代，納妾極為普遍，辜鴻銘先生（號稱「清末怪傑」，學貫中西，精通中國傳統文化也精通西方語言文化的學者）極力推崇納妾制度。他在理解此事的時候，我不清楚是否是從基因的角度。依託於達爾文先生的理論，自我複製的衝動都存在於生物的基因中，生命得以延續的原始衝動即是如此，因此，盡量傳播自己的基因是所有雄性動物都在想的——我理解的納妾制度的科學依據就是如此。同時，應該最大程度地傳播最優秀的基因，顯而易見的是，那些在社會的競爭中獲勝的人的基因是極其優秀的，於是這樣就可以科學地解釋納妾制度——讓優秀的基因更多地傳遞下去——這個說法。

此外，還有一個例子：雖然中醫尚未被每個人接受，或許還被斥責為迷信，可是它在治療各種西醫尚且無法解決的疾病上的神奇表現，卻引得眾多優秀的醫生大為驚歎。對於那些奇形怪狀的藥材，西醫透過許多精密的儀器進行研究，試圖對那些東西裡面究竟是什麼因素在產生作用予以解釋。有時候，原因被他們找到了，可是更多的時候，對於那些草根樹皮為何那麼管用，他們卻束手無策。對於這些藥材的解釋，西醫仍然致力於尋找，然而東方人並未尋求解釋，他們只是從一開始就對經驗予以接受，覺得用那些東西來治療疾病很有效。

現代西方科學的研究對象有許多都是古代東方的東西，它們之間有某些精確的對應。

原本，既是哲學概念同時也是人際交往中的概念的「氣場」是一個東方概念。在最古老的中國典籍中，已經出現這個詞語，被引入西方以後，由於「氣」對應於「atmosphere」、「air」這兩個詞語，因此在日常生活中，我們很自然地就應用這個概念。

到目前為止，對於它，沒有人進行仔細的研究，但是在我看來卻很有意思，同時紅極一時的佛洛伊德先生是我很喜歡的，我對他的心理學理論有高度的興趣。即使他的理論毫無事實依據，而且無法用數據進行證明和測量——就像研究化學、物理學那樣，可是全世界都在崇拜他。我也是他的崇拜者之一，我在看待「氣場」這個東西的時候——套用他的理論，另一片天地就被我發現了——事實上，正確的身心狀態即是此被傳得神乎其神的概念。轉而，在法國各處，我開始演講和授課，傳播我的心得。結果，巨大的益處都被我的學生們獲得了。

現在，對於我可以將自己這些年對氣場的部分研究集結成冊，並且翻譯成英語讓我的美國學生們看到，我感到既榮幸又高興。在這十二章中，包含我課程中的精髓和初步內容；這也是我多年以來在巴黎教授的所有理論的精華和基礎。

奉獻這本書給讀者之前，我要將無限的感激表達給L・N・D先生，他是我的美國學生，正是他用簡單可以被人們接受的英語，翻譯出我這本極為「艱深晦澀」的指導書。對於他使用的純正英語和道地「在地人」的語言，我深表感激。我授課的時候使用的口語風格，也呈現在這本書中。我的這本書，如果沒有這位值得尊敬的紳士的熱心幫助，它在美國或許無法如此受人歡迎。

我把我的手放在胸前，把我最真摯的問候帶給我的美國學生們。我堅信，他們從中必然受益良多。

希恩・德瑪

寫於法國巴黎

目錄

第二章 強大氣場的保證——高速運轉的大腦

第三章 身體氣場

第四章 保證強大氣場的方法——身體姿勢

第五章 隨處可做的身體氣場練習

第六章 高氣場呼吸練習

第七章 心靈的顏色與氣場的性質

第八章 改變心靈的顏色，改變氣場的性質

原版後記——潛意識的作用

第一章

揭開「氣場」的面紗——借助交際心理學

初聽「氣場」一詞，我們可能會覺得莫名其妙、玄而又玄，原因是：它是摸不到、看不見的，而且更嚴重的是：越來越多的人想要利用它，將人們引導向形而上學的研究方面。

事實上，現代心理學和交際學的一個研究對象，就是「個人氣場」。它既不玄，又可以從科學角度予以理解，如果有適當的方法，還可以予以提高和培養。

我聽過一個很有趣的東方故事，所說之事就是關於氣場的。

在中國的三國時期，魏王曹操統一中國的北方以後，聲威遠振，成為眾多部落依附的對象。有一個匈奴單于為了刺探曹操實力，於是派遣使者帶著寶物去覲見，同時對曹操進行觀察，意在判斷他是否值得匈奴單于依附，所以使者請求親眼見到曹操。曹操認為自己長得又醜又矮，可能無法威嚇匈奴使者，致使匈奴單于覺得自己好欺負，甚至暗懷反心，於是他叫來謀士崔琰，讓其坐在自己的床上接見使者。崔琰生得眉目清秀、身材高大、氣宇軒昂，曹操站在床邊裝成侍衛，手持大刀。

結束接見以後，曹操差人去問那個使者，感覺魏王如何。使者說：「魏王既英俊又有風度，但是我認為，真正的英雄是魏王身邊的侍衛——床邊拿著大刀的那個人啊！」

心理學和交際學中的「氣場」

關於氣場，心理學家和交際學家有不同的答案。從心理學方面來看，氣場（atmosphere）就是感覺（feeling）；從交際學方面來看，氣場就是影響力（influence）。這兩句正確的話分開說就會不完整。

兩個相互接觸的人，會把自己身上的某種感覺傳遞給對方，因此前者的身上必然存在某些可以把某種訊息傳達給對方的東西。從心理學的角度來理解「氣場」，就是人們給別人感覺的來源。從人際關係學來看，用來影響別人的能力，或是兩個人及許多人是否可以和平共處的能力，就是氣場。

從氣場的本質來說，它是人們給別人感覺和影響力的身心狀態，心理與身體的整體狀態是其來源。

由於感受者的存在，因此氣場才會存在。但是，這個概念在一個人獨處的時候不會成立，也不會存在。**在代表個人氣場的時候，為了具體地表達，人們一般會以每個人為圓心、以一公**

尺為半徑，畫一個圓。然而，記住一個事實：其實，根本不存在這個圓，它只存在於人們的想像和文字之中，此種解釋會避免我們步入形而上學的陷阱。

氣場是可以操縱的

人們在一起的時候，會存在不同的「場」，就像層層疊疊地相互交纏著一般。從氣場的角度來說，大致上會有以下幾種情況，發生在兩個人相互接觸的時候：一是互相排斥；二是互相吸引；三是Ａ認為Ｂ很好，Ｂ卻不喜歡Ａ。**於是，氣場的性質問題——吸引力還是排斥力——被引起注意。**在第七章，我們會對怎樣改變氣場的性質進行論述，讓其充滿吸引力而非排斥力。

氣場可以很強，也可以很弱。有些人讓人一看就覺得十分討厭，但是其氣場卻很大，雖然他氣場的性質是負面的，並且發出排斥力；相反地，有些人會讓那些與他深入接觸的人有舒服的感覺，但是他無法同時影響很多人，這樣的人儘管氣場很弱，可是他發出的是吸引力。

與生俱來的氣場操控力

每個人的氣場不是固定不變的，暫且不說一輩子、十年、一年，即使在每天不同的時刻，使用氣場的人也會有意或無意地操控它。眾所周知，氣場絕非是生下來就有固定的格式。

對於自己的氣場狀態，我們都在不經意地將其改變，只要回想平時自己在家的狀態，接待前來做客的岳父岳母的狀態，在工作環境中、在談判桌上的狀態，就會明白這個道理。我認識一個頻繁更換丈夫的女人，她無時不在抱怨自己嫁錯人。她說，當初自己的丈夫們都是光彩照人、人見人愛，就是這樣的瀟灑才會打動她；但是結婚以後，所有都變了，在她看來，在婚後三天，當初那種瀟灑瞬間消失了，毫無蹤跡；最可恨的是，在其他女士面前，他們卻仍然瀟灑如初，在辦公室和談判的時候，同樣雄壯威武，只是一切轉嫁到家裡就全部顛覆了，只會看到一個軟塌塌地躺在床上的懶漢，如果沒有應酬，他們也懶得刮鬍子！相信不只是這位頻繁更換丈夫的女人有這種「專利」，或許大多數的女人都有這種困擾。

主動掌控自己的氣場

我認識的人之中，有一些高手可以自由操控自己的氣場，例如：那些功力深厚的演員。有時候，這個道理會在戲劇中演繹出來：如果性情不同，即使是作為雙胞胎的兄弟，也會有迥然相異的命運。因為角色是雙胞胎，因此一般來說，在不同時段，這兩個人就由同一個演員扮演。劇場老闆最頭疼的就是這種情況，演員對於「表現」要做到控制自如，給觀眾的「感覺」也要持續地變換，這就是我們所說的「操縱氣場」。

在一部戲劇中，如果沒有一流演員的演出，我絕對不會去看。一流演員有哪些特點？他們感同身受，為角色的幸福、苦惱而變換情緒，即使下台之後，依然無法自拔，深深地沉浸於角色之中。飾演凱撒的人，卸妝之後仍然感到心口絞痛——因為他在台上已經被殺死了；飾演亞歷山大大帝的人，收工回到家也會對自己的妻子發號施令，就像在使喚自己的女僕。這個類型的演員，不管從「心理」還是「身體」的姿勢和動作上，儼然已經成為「真正的」凱撒或是亞歷山大。因此，毋庸置疑，最成功地改變自己氣場的範例就是他們。

其實，你可以掌控自己的氣場，把排斥力向吸引力轉化，變令人討厭為讓人喜歡，甚至可以將拒人於千里之外，轉變為讓人們從千里之外趕來。在我看來，閱讀過本書的你，在遵照以上的方法有規律地練習以後，就可以靈活地操縱自己的氣場。原因在於：不管是誰，只要有充分的意志力、堅定的決心，並且可以持之以恆，改變自己就會成為可能，進而成為一個有強大魅力的人，也將是預料之中的事情。

培養氣場的目的——讓別人愉快地接受我們

親和力和壓迫力的結合，是最理想的氣場類型。影響別人，讓別人不拒絕我們的影響，甚至別人的行事也被我們的思維影響，這是我們培養氣場的目的。所有的氣場，只有強大才可以影響別人，甚至讓別人屈服，這源自「只有強大，才可以讓別人有強大的壓迫感」這個緣由，可是「不愉快」又是壓迫感帶來的必然結果。因此，我們必須培養氣場的親和力，以抵消壓迫力帶來的負面影響，如此一來，來自於壓迫感的不愉快被親和力抵消的時候，別人就可以愉悅地接受和屈服於我們，這就是我們培養氣場的最終目的。

任何人都有強度和性質完全不同的氣場，最佳的氣場狀態是吸引人而且強大的，擁有這種氣場的人，通常是社會中的核心人物，任何進入他們的影響範圍的人都會受其影響，因為我們總是可以因為他們而擁有許多積極的感覺，例如：幸福、可靠，與其交往更是我們的意願，交往的時候，他們也可以更輕鬆地感染我們。

最令人厭惡的狀態是強大卻有排斥力的氣場，這些人通常是社會的棄兒，給我們的主要感受是陰暗、少招惹、不可靠、不友善。對於他們，我們經常會敬而遠之。居於中間的狀態是「有吸引力的弱氣場和有排斥力的弱氣場」，這種弱氣場為大多數人所具有。

我要重複一遍自己要論述的內容，以便加深你的印象：同時有壓迫力和吸引力的氣場，是最理想的氣場類型。所有的氣場，只有強大才可以影響別人，甚至讓別人屈服，因為只有強大，才可以讓別人有強大的壓迫感，可是「不愉快」又是壓迫感帶來的必然結果，所以我們必須同時培養其親和力或是稱為吸引力，才可以抵消強大氣場帶來的壓迫力。親和力將壓迫感帶來的不愉快抵消的時候，別人就會愉悅地接受甚至屈服於我們。強大＋吸引——這就是最佳的氣場狀態。

有些天生受到父母薰陶的人，擁有比較強大的氣場，有些人需要透過學習和鍛鍊獲得這種氣場。有必要提醒一句，那些未經鍛鍊就有這種能力的人容易濫用自己的能力，這是極其危險的。原因是：驕傲滋生他們這種氣場，這也是導致人生失敗的最大原因之一、導致氣場無法真正強大的致命因素。相較於天生擁有這種能力，透過學習培養出來的能力會更強，同時透過學習，如何自由操控氣場，如何保持謙遜，如何走向社會的頂峰，都是你可以明白的。

如果獲得「對氣場的認識」，就可以掌控氣場，很快就會覺得自己成為一股巨大能量的中心，並且迅速地提升個人魅力。你可以看到別人驚訝的表情——他們會感到奇怪，你好像變成另一個人。

內容概要

一・從心理學的角度來說，氣場是一方給他方的感覺的來源，不是那麼玄妙。氣場強大的一個典範，就是曹操。

二・在代表個人氣場的時候，人們一般會以每個人為圓心、以一公尺為半徑，畫一個圓。

三・記住一個事實：氣場就是對人們施加感覺或是影響的身心狀態，我們身體的周圍並非真的存在這樣的圓。如果認為氣場真的存在，我們就會誤入形而上學的歧途，結果必定毫無收穫。

四・氣場是可變的，也可以在學習和練習的幫助下進行操縱。其實，對於自己的氣場，任何人都在不斷地、無意識地改變。

五・從排斥力與吸引力的角度來劃分氣場，其包含正氣場、負氣場；從強度方面來劃分，其包含強氣場、弱氣場，強大的正氣場是最宜人的氣場類型。

第二章

強大氣場的保證——高速運轉的大腦

強大氣場的保證——高速運轉的大腦

高速運轉的大腦，是強大氣場的來源地。有些事情不必證明，回憶自己的生活經歷，我們就可以證明某些說法的正確性。對於某些人，我們的印象不深刻，原因是什麼？根據我的調查和研究，這是因為：所有強烈的心理活動都不被他們擁有，即無任何具體的狀態存在於他們的大腦中，他們的思維木訥、不活躍，因此他們沒有足夠強大的氣場。這樣的人就像一座面無表情的塑像——你可以指望從一張空白的紙上獲得何種印象嗎？

那些大腦高速運轉的人擁有最強大的氣場，他們通常都是精神集中，有強烈的感覺、欲望、情感（或好或壞），強大的影響力因為劇烈運動的大腦而產生，猶如壓迫性地向對方或是周圍的人的潛意識「投射」一樣，進而讓對方或是周圍的人感知。

最近，我閱讀傑克・倫敦[1]的《熱愛生命》，其中有一部分引起我的興趣：一個人遇見一隻熊。

一陣洶湧起伏的恐懼，驅散絕望催生的勇氣。自己這般衰弱，那個動物如果向自己發起攻擊，應該如何是好？無奈，他只能拼命擺出一副威風凜凜的模樣，緊握獵刀，狠狠地盯著那隻熊，這隻熊笨拙地向前移動兩步，轉而後退，站起來，吼出試敵的咆哮聲。

他如果逃跑，熊就會追上來，但是他並未逃跑。此時，他因為恐懼催生的勇氣而忘記恐懼，立刻振奮起來：筆直地站著、挺起胸部，雙眼緊盯著熊的眼睛，剎那之間，他竟然完全相信自己絕對可以擊敗這隻熊，但是他卻要放牠一馬。

此時，熊慢慢挪向旁邊，發出不甘心的咆哮。顯然，這個站得筆直、毫無懼色的神秘「動物」，讓牠產生恐懼感，牠不知道如何是好。然而，他還是像一株喬木一樣筆直，紋絲不動。度過危險以後，他抖了一陣身體，一頭栽倒在潮濕的苔蘚地上。

這是一個基於現實的虛構故事，類似的經歷可能曾經發生在野外遭遇狼或熊的獵人身上。你如果進攻，就會被野獸吃掉；你如果害怕，野獸就會攻擊你；唯一的出路，只有提高自己的士氣。這個故事在證明動物也會對人類的氣場有所感覺，還同時證明：他如果無法高度集中，大腦無法高速運轉進而發出「逼迫」的氣勢，他就會被熊吃掉，因此強大氣場的保證——高速運轉的大腦。

我們的大腦怎樣才可以高速運轉？

想要讓自己的大腦進入高速運轉，我們應該怎麼做？

解答這個問題之前，不妨先看看以上那個故事，然後請你回憶，自己的大腦曾經在何種情況下高速運轉（此處停頓五秒）。

可能，那個時候你迫不得已，就像那個遇到熊的人，遭遇緊急情況……

可能，完成那件事情，得到那個東西，是你那個時候非常渴望的……

可能，你堅信那個東西必定是你的，你一定可以完成那件事情……

那個時候，你的大腦在高速運轉，最終就像那個人一樣，你成功了……

究竟是何種情形？當時你的狀態如何——怎樣高速地運轉自己的大腦？

我相信，如果我沒有猜錯，你們給出的答案中包括這些——強烈的「渴望」，或是堅定的「相信」，它們存在於當時的大腦中。

我們對所有的成功人士和那些氣場強大的人進行觀察的時候，可以發現很多共同的特點：

他們有強烈的欲望而且充滿自信，他們的精神因為渴望與相信而高度集中，認真對待每件事情、從容不迫，面對任何事情的時候，大腦都在高速地運轉。

有些人總是被動地接受生活，只有在被迫面對危機的時候——就像那個遇到熊的人，才會讓自己的大腦運轉起來。然而，這是一種消極、被動的運轉，他們只有被逼迫到那個程度的時候，才會高速地運轉自己的大腦，因此面臨危險的時候往往會發生奇蹟。奇蹟絕非是偶然的，必然的因素總是存在於所有偶然的背後。**因此，「讓奇蹟成為一種習慣」，我們絕對可以做到。**

記住，想要改變自己，想要高速地運轉自己的大腦，就要把那些在競爭中勝出的人當作學習的榜樣，以便進入主動的「渴望＋自信」的模式，並且予以保持。

對於銷售員來說，他們希望並且相信顧客會購買某個產品；對於談判人員來說，他們希望並且相信對方會接受自己的方案。強烈的願望及自信，成為他們的大腦進入高速運轉狀態的持續推動力，使他們成為社會精英。對於他們而言，奇蹟發生的機率明顯地提高。「創造奇蹟」——被我之前的大多數學生學會了，他們之中的很多人在生活或是工作領域成為佼佼者，相信你也不例外。

自信，需要盲目一點

自信需要盲目（blind）一點，這是現代心理學的一個觀點。

美國伊利諾州立大學[2]的心理學家，透過對一萬個年齡在十七~二十七歲的年輕人的調查，得出一個令人震驚的結論：基本上，任何一個自信的人，都有不堪一擊的信心來源！也就是說，幾乎每個自信心十足的人，都有盲目的信心來源。

一個二十歲的年輕人剛從田納西州中學[3]畢業，想要到《紐約時報》報社找一份工作。這個年輕人認為自己學識很好——事實上，他確實表現很好，甚至亞瑟・奧克斯・蘇茲伯格[4]——極為挑剔的《紐約時報》總裁也覺得他很好。

這個年輕人在面試的時候信心滿滿，一舉一動都給人留下深刻的印象——這些都源自於他是田納西州中學的高材生！他有修養、有學歷，甚至認為來到這家名氣不好的報社有些委屈，可是已經來到這裡，只能既來之則安之。

令人想不到的是，這個自信滿滿的年輕人很快就發現自己的不足——來報社上班的第二個星期，他就發現，在自己的周圍，幾乎每個人已經擁有大學學歷，同時又是新聞科系的。

我們從這個故事中，可以瞭解到什麼？蘇茲伯格被這個年輕人盲目的信心打動了，進而破格錄用他——這個年輕人得到這份體面的工作，竟然是「騙」來的！確實如此，從某種程度上說，自信就等同於自欺。每個人都有不同的信心來源，而且無論這些來源是真是假，只要有自信心就可以了。

對於「自信」的盲目性，我們還可以從詞語結構上瞭解。對某事充滿積極期望，即信心（confidence）；自己對自己的將來充滿積極期望，是自信（self-confidence）。換言之，自信只和你自己有關，與「其他人」及「真實情況」沒有任何關係，你只要認為自己怎樣，你就是怎樣。

自信並非基於過去，而是來自於將來

有一句至理名言：「窮不過三代，富不過三代」，自信心最大的產生之處是「未來的自己」，將信心的來源寄託於父輩或是自己之前的成就上，其實是錯誤的、不可靠的。

在一封信裡，弗雷德里克・安德魯斯（Frederick Andrews）記述一件往事：

在我十三歲的時候，有一次昏死過去，T．W．馬瑟（T. W. Mather）醫生對我的母親說：「安德魯斯太太，沒有機會了。我也是如此失去我的兒子，可以做的所有事情，我都做了，然而他還是去世了。對這種疾病，我做過特別的研究，所以我知道他沒有康復的希望。」

我的母親說：「醫生，他如果是你自己的孩子，你會如何做？」醫生雖然回答：「只要孩子還有一口氣，我就會努力，努力，再努力，不會放棄」，可是我的狀況不穩定，所有的醫生都覺得我不可能徹底康復。

但是，我卻始終堅守希望。我把一個肯定句拋給自己，我最需要的東西都包含在其中，「我健康、強壯、有力、完美、快樂、平和而幸福」——我不斷地這樣重複著，就是這一句一字不差，甚至後來，在半夜醒來的時候，我發現自己還在重複這句話。我每天早上醒來以後和每天夜裡睡覺以前，所說的第一句話和最後一句話都是它。

最終，我贏得勝利。更重要的是，最初那個矮小、駝背、畸形、跛腳、只能爬著走的我，已經成為一個強壯、挺拔、英俊的男人！

可見，自信和成功如果基於過去，「白手起家」的人就不會存在；成功者如果一定是貴族，拿破崙[5]、劉邦（中國漢朝皇帝）、老洛克菲勒[6]等人也不會存在，歷史也會變得索然無味。

學會欺騙自己

我們只要願意，就可以改變自己的性格——這是應用心理學的一個定律和法寶。

在英國的肯特郡[7]，我聽說存在一個「大笑俱樂部」，不管來到這裡的人在進來之前有何種心情，哈哈大笑都是其必須要做的。所有人都要笑出聲音，如果無法做到，就要接受懲罰——為了讓其哈哈大笑，負責監督的人員會撓其腋下或是腳心。

奇怪的是，所有走進來的人，最終都是非常愉悅地走出俱樂部。即使他們最初的笑聲是被強迫壓榨出來的，但是到了最後，也會演變成發自內心的愉悅。此外，這個俱樂部出現眾多商業奇才，而且成員很少生病。

對此，史匹柏（Spielberg）——大笑俱樂部的主席如是說：「心理狀態必然需要培養，氣氛也會傳染的。你只要願意，並且笑出聲音——調動臉部和肺部的肌肉，你的憂鬱就會被你的身體慢慢忘記，你的指令也會被你的心靈接受。逐漸地，『你很快樂』的訊號就會被你的潛意識接收到，隨即你的身體和靈魂都會因此而進入快樂的狀態。」

我們現在如果沒有信心，其實可以借助「欺騙」的方式進行培養。既然知道信心總是盲目的，不妨騙一下自己。如果可以把自己騙得「心服口服」，剩下的所有事情都不必操心——因為潛意識會自動為你解決。換句話說，「自信」成為一種習慣，而且這種「事實」可以被潛意識接受的時候，你堅信自己是那樣的人，自然就會夢想成真。

太弱的願望，如同沒有願望

我的調查結果先前曾經被展示，強烈的欲望被成功人士、氣場強大的人擁有，他們的精神因為持久的欲望而高度集中，於是在對待每件事情的時候都是認真而且從容不迫，其大腦在面對每件事情的時候都在高速地運轉。因此，強烈的願望甚至是欲望，是我們一定要培養的，只有如此，才可以加速大腦運轉、提高氣場，進而獲得成功。

強烈的渴望可以調動大腦高速運轉，可是大多數人的願望太弱，太弱的願望如同沒有願望。過去，我遇到很多學生，他們經常找藉口說：「我並非沒有願望，而且我的願望也並非不強烈。」我請他們具體說明的時候，他們會把自己的美好願望說出來：「我們都會心生羨慕，並且希望自己成為那樣的人。」對於他們的回答，我氣憤地說：「這是每個人都有的天性，這根本不算是願望！這樣的願望如果都算數，你做一個雕塑，然後希望它變成美女嫁給你的願望，也可以很快實現！」（這是來自於古希臘羅馬神話的故事：比馬龍[8]做了一個雕塑，並且向維納斯許願，希望它可以變成自己的妻子。維納斯派邱比特[9]前來，實現他的願望。）

面對何種困難或是誘惑，你會放棄自己的願望——這是衡量願望強烈與否的客觀標準。我們的某個願望之所以無法實現，原因是什麼？假如你想要戒菸，你的這種渴望戒菸的願望到達什麼程度？現在自己為何還在吞雲吐霧，你可以思考一下。歸根究底，你會在身體的不適感面前低頭！你這個願望太弱了！

你知道，只有兩種願望：太弱的願望和強烈的渴望。某些人好像註定無法變得渴望，這個能力尚未被他們的大腦具備。強烈的渴望到底是什麼模樣？——清晰的、持久的。清晰、持久的願望有何特點？——強烈。我們好像陷入一個惡性循環。對於自己的願望，我們應該怎樣強化，以便讓自己原本不清晰、不強烈、不持久的願望立刻轉變？

重複——這是打破惡性循環的唯一方法（而且非常有效）。

「我要你現在愛上我，我要成為一個強大的人，我要把你扔出去」……這些你都可以說，但是它們都很弱。是的，你說說、想想就算了的，或是極為模糊地、說一遍想幾遍就結束（over）的，絕對不是強大的願望。此外，不管是目前的還是長遠的願望，如果模糊到你自己也懶得去理清它們的程度，它們就是太弱了。

那些你確實想要實現的願望呢？舉一個例子：由於你的口袋裡「只剩下」十美元，所以希望對方降價；你愛上一個女孩，希望娶她做妻子；你渴望出人頭地……對於這些渴望，它們是魂牽夢縈似的持續地來回重複在你的腦海裡，還是許一個願望就結束了？以那個女孩為例，你在一天之後忘記她了嗎？一個月之後呢？一年之後呢？你因為什麼被打動？是她的微笑，還是她美麗的臉龐？是她的睫毛，還是她飄逸的長髮？你是否曾經渴望她回過頭來看你？你為什麼會盯著她的背影？顯而易見，清晰、強烈、持久的渴望即是如此，清晰的渴望全部都是在腦海裡不斷重複、久久不去的。

連續二十一天，重複三次

我們怎樣才可以加強渴望？「什麼是真理？重複一萬遍的謊話就是真理。」這是一句被世人唾棄很久的名言，而其之所以受人詬病，最主要的原因是：它自相矛盾——真理和謊話完全相反，而且完全隔絕！然而，如果運用到心理學上，這句話卻搖身一變，成為至理名言：潛意識只需要重複，不需要真理，它只需要顯意識連續地將某個想法不斷重複以改變自己。

潛意識——我們的心靈——是盲目的，顯意識的訊息是其唯一接受的；可是在它的面前，顯意識又顯得很無力，因為顯意識的改變不會導致潛意識改變。只有不斷地重複顯意識，才可以讓某個事物向潛意識「侵入」，並且在那裡「沉澱」。這是一個猶如用羽毛壓死一頭駱駝一樣的過程。

我們的心靈是否強大，取決於願望是否強大，只有一個方法才可以強化自己的願望：重複。這是一個不僅有效而且屢試不爽的方法。惡性循環是怎樣被重複打破，渴望又是怎樣因此而足夠強烈？在對這個問題進行回答之前，可以先將願望加以區分，包括長遠的願望和現在的願望。

對於某個深刻的願望，我們怎樣才可以永遠地記得？例如：那些立志為父親報仇的人或是成為首相的人，他們這種長遠的願望是怎樣得以強化的？對自己的願望，他們每天都在重複，他們生活的支柱幾乎就是它。可是對你而言，你不必如此對待自己，更不必在自己的身上紋字，如果想要讓自己永遠地記得，每天只要重複三次「我渴望……」持續二十一天就可以了，你的心理習慣週期經過二十一天就會形成。

這麼說的原因是什麼？行為心理學研究發現：初步的習慣會由於二十一天以上的重複而形成，穩定的習慣會在九十天的重複以後形成。生活習慣、思考習慣都是如此。在你的心裡，這個長遠的願望在九十天之後就會生根，並且逐步滲透到你的潛意識裡，是難以擺脫的。在重複的過程中，長遠的願望會逐漸變得清晰，你會發現，與過去相比，現在的願望簡直發生顛覆性的變化。

有很多要素可以衡量人生的幸福與悲哀，可是最根本的——在起跑線上，對人們會是可悲還是可歎的人生予以決定的——正是有無強烈的願望。可悲的是那些毫無強烈願望的人，遺憾的是，我認識的人之中，沒有強烈願望的人十之八九，因此可悲與可歎的分界點即在於此。現在，不妨問自己，你是否真的有「強烈的願望」？

無論如何，加強你的願望！為了加強願望，首先，你一定要熱切地想要得到（desire）。這種熱切的渴望絕非簡單的「想要」（want），必須把「want」煽動起來，將其變成「熱望」（longing）與「渴求」（craving）；其次，對於自己的渴望，一定要清晰地勾勒出來；最後，統領以上兩點的是：把你的渴望不斷地重複，並且告訴自己，你「真的想要」。

大腦運行的速度必然會在「自信」與「渴望」被注入潛意識並且成為它的一部分的時候發生改變，於是氣場的加強就會順理成章。

現在的願望

人際交往是氣場的最終應用之處，此時你對對方的願望，即現在的願望也十分重要。強大的氣場被我們培養之後，還要具體地運用它。換言之，我們的願望並非總是「強大」的，我們在每天具體行動的時候，許多極為現實的願望一定會存在。舉一個例子：你會買下這副手套，你會接受這個方案，這就是「即時願望」。既然心靈的產物是你現在的願望（present aspiration），它也會摻雜在氣場之中。因此在交往中，對你現在的願望予以強化也非常重要。你可以看到自己的強烈願望在強化氣場中產生的作用，對特定對象的願望往往會被微調到你的氣場中，以便讓對方感覺到。願望氣場——如果從心靈氣場裡分離出來——就像投向對方的一個「氣場流」。

歷史上任何一個強者都懂得利用這個「氣場流」。它是用來發射的，而非用來述說的。你面對特定人物的時候，一定會存在特定的願望，假如這個願望足夠強烈，對方必然會感知到。例如：你遇到一個女孩，可以把「你很喜歡她」的想法用眼神傳遞出去，看看她是否可以感受到。沒錯，她必然可以感受到，可是她或許不喜歡你。此時，缺少的不再是「強大」，而是「親和力」。如果把「非常希望她可以喜歡你」的想法用眼神傳遞出去，並且絕對相信自己值得愛，如此一試，她愛上你的機會或許會更大。

「即時願望」猶如「直接命令」，它的強度一定要如同命令一樣。即時願望應該是堅定的，就像長期願望一樣。例如：它應該是「我堅信你已經喜歡我」，而非「我希望你會喜歡我」。與別人交往的時候，應該抱持這樣的即時願望，從一開始，你這個願望實現的機率已經註定將會提高許多。此時，我們的氣場會發生細微的調整，這個願望也會摻雜其中，再借助於身體氣場，其將會有驚人的氣勢。

假如情況允許，可以直接說出這樣的話，那樣會有更好的效果。在自己的頭腦中，形成對方一定會接受你的願望的堅定信心，如此一來，你的壓迫就會被對方感受到。

面對即刻需要面對的事情，我們的渴望會由於我們真心地對自己說三遍「我想要」而被激發出來。以求婚的男性為例，說上三遍——「我想要讓你愛上我……我想要讓你愛上我……我想要讓你愛上我……」就足夠了，你的潛意識在這三遍之下就可以接收到你的即時訊號，並且隨即開始運作。說完之後，可以對自己的眼神和動作予以檢查，你會發現自己立刻產生改變，這表示你的氣場已經暫時改變了。現在，我可以舉出一個具體的成功例子，讓你作為參考。

這是一個法國股票推銷員的例子：現在，他已經是國際知名——在美國，人們幾乎都在談論他的名字。你一定無法想像，過去的他存在一個很大的問題——無法讓自己的方案「被接受」。他覺得一定有某些問題出現在自己的「內在」——為何無法讓自己的方案「被接受」？

很多優秀的方案都可以被他構思出來，他的能力也吸引許多優秀的商業人士，他總是可以憑藉自己富有魅力和說服力的談話迷住那些人。然而，他經常無法讓他們邁出最後而且最重要的一步：簽下合約。

在他的身上，我確實花費許多力氣，用盡各種方法，終於讓他甩掉頭腦裡固有的「自己內在有問題」的想法。然後，我把「即時願望法」教給他，讓其在最後關頭採用。結果，他每天都在進步。後來，他推銷股票給我的時候，我接受了，因為後期，在我看來，他極具壓迫感和親和力，渴望和堅定的信念突顯在他舉手投足中，於是我只能動心了。

內容概要

一・那些大腦高速運轉的人擁有最強大的氣場，他們通常都是精神集中，而且有強烈的感覺、欲望、情感（或好或壞），強大的影響力因為劇烈運動的大腦而產生，猶如壓迫性地向對方或是周圍的人的潛意識上「投射」一樣，讓對方或是周圍的人感知到。

二・高速運轉的大腦是強大氣場的保證，人們在危險面前可以將潛能瞬間激發出來，進而創造奇蹟。奇蹟絕非是偶然的，必然的因素存在於所有偶然的背後。因此，我們絕對可以做到「讓奇蹟成為一種習慣」。

三・自信心是盲目的，對未來自己的信心，是自信最大的來源。

四・面對何種困難或是誘惑，你會放棄這個願望——這是衡量願望強烈與否的客觀標準。

想要讓自己終生不忘，只要重複二十一天。

1. Jack London（原名為約翰・格里菲斯・錢尼 John Griffith Chaney，一八七六年一月十二日－一九一六年十一月二十二日），美國著名的現實主義作家。
2. 美國一所公立綜合大學，簡稱ＩＳＵ。伊利諾州立大學建立於一八五七年。
3. 田納西州位於美國南部，東起北卡羅萊納州的阿帕拉契山脈（Appalachian Mountains），西止密蘇里州和阿肯色州東邊的密西西比河（Mississippi River），長約四百三十二英里。首府納許維爾（Nashville），是美國鄉村音樂的中心。
4. 當時擔任《紐約時報》總裁，他勵精圖治，甄選優秀人才，引進先進技術，開拓多元化經營，終於把《紐約時報》拉出瀕臨崩潰的泥潭，累積雄厚的物質基礎。
5. 拿破崙・波拿巴（Napoléon Bonaparte，一七六九－一八二一），法國近代資產階級軍事家、政治家、數學家，法蘭西共和國第一執政（一七九九－一八〇四），法蘭西第一帝國皇帝（一八〇四－一八一四）。
6. 約翰・戴維森・洛克菲勒（John Davison Rockefeller，一八三九－一九三七），美國資本家，二十世紀第一個億萬富翁。
7. 英格蘭的一個郡，位於倫敦東南，其郡府是梅德斯通。
8. Pygmalion，希臘神話中的賽普勒斯國王，擅長雕刻。
9. 在古希臘神話中，他是愛與美的女神（阿芙蘿黛蒂）Aphrodite與戰神（阿瑞斯）Ares的兒子Eros。在羅馬神話中，他叫做邱比特（Cupid），他的母親是維納斯（即阿芙蘿黛蒂）。相傳，他是一個頑皮的、身上長著翅膀的小神，他的箭如果插入青年男女的心上，就會使他們深深相愛。

第三章

身體氣場

愛因斯坦[1]的氣場為何很弱？

一般而言，研究個人魅力的專家往往會從潛意識入手研究這個概念，認為產生氣場（影響力）的泉源是心靈，並且承認「氣場與心靈有極為密切的關係」，這顯然十分正確。但是我覺得還有一個陷阱，那就是：我們都陷入忽略氣場的身體之極。由於心靈的巨大作用總是震撼、迷惑我們，因此身體的作用完全被我們忽略了。

對大多數人而言，身體氣場的說法似乎非常奇怪。原因是：他們習慣於認為人們「產生氣場（影響力）的泉源是頭腦」。當然，我不否認這一點。可是我覺得身體之極和心靈之極有相同的作用，同時心靈之極無法在沒有身體的情況下充分發揮作用，猶如從來不存在離開身體的靈魂一樣。

如果這樣認為——氣場不只是一種精神力量或是能力。顯然，你走錯了方向，開始走向玄而又玄的形而上學，並且對「精神可以離開身體」之類的鬼話堅信不疑。

想要瞭解身體狀態決定氣場的道理，只要想想一種人就可以了——那些最偉大的學者和科學家，例如：愛因斯坦。毋庸置疑，獲得諾貝爾物理學獎的愛因斯坦，智力必然異常超群。然而，我和他接觸之後，腦海裡並未留下什麼特別的印象。其實，這些智力異常超群的人，氣場卻是非常弱。由於他們的「身體氣場」幾乎為零，所以他們的身體狀態不適合把何種印象留給別人。彷彿他們是高度的精神能量匯聚體，但是，僅此而已。

氣場的擴音器——身體氣場

現在，可以回憶你生活中遇到的那些具有強大氣場的人——牧師、律師、政治家、演說家，甚至還有你的偶像——他們是依靠影響別人過日子的人，如此你就可以理解，「心靈的魅力」絕對不只是他們用來影響別人的「法寶」。身體與心靈如果缺少其中任何一個，氣場都會宛若只有一隻翅膀的鳥，無論如何也飛不起來。

世界上那些最強大的、好像就是氣場的化身的人，或許不高大或強壯，甚至可能身材矮小，猶如本書開篇說的魏王曹操一樣，但是他們看起來卻充滿潛在的能量，就像一個壓縮的彈簧。在出名的矮人中，拿破崙也是一個典範。我認識很多這樣的人，他們即使在垂死掙扎、生命的最後一刻，承受嚴重疾病的折磨，卻依舊可以讓人們感受到強大的氣場、無窮的魅力。他們就像凱撒，即使倒在血泊裡，那些刺殺者們也會因此而心驚膽顫。

顯然，這絕非只是精神力量在產生作用。只要看看愛因斯坦，你就會明白這一切，我已經說過，他幾乎沒有氣場。「某些學識豐富的人，看起來病懨懨的」、「一些飽學的牧師的演講，根本沒有人聽」，相信你一定聽過這些。導致這個情形的原因，即是由於身體和心靈脫離，整體氣場缺乏力度，毫無效果。

心靈氣場猶如子彈中的火藥，身體氣場如同彈頭一樣，手槍不會在沒有火藥或是彈頭的情況下派上用場。因此我說，想要達到整體氣場的效果，身體和心靈缺一不可。心靈氣場如果沒有身體氣場的補充，就像沒有身體的靈魂；同理，身體氣場如果缺少心靈的補充，就像沒有根的樹，沒有實質和效果。

氣場＝身體氣場×心靈氣場。這是一個乘法，也就是說，其中任何一個數值接近於○的時候，整體結果就是○。

身上透著的那股勁——生命力

靈魂無法離開身體而存在，因此缺乏身體的配合，再強大的心靈也不可能存在，這就是我最簡單的無神論來源。

從生活經驗上說，我們經常會說「某個人的身上透著一股勁」，或是感覺他非常有活力、感染力、生命力。在我看來，身體的魅力就是這裡所說的「勁」、「活力」、「感染力」、「生命力」。別人可以透過某人的一舉一動而感知到「這股勁」，即我們在判斷這個人的氣勢、學識、教養，只要看到他的眼神和動作就可以了。

從概念上說，生命力就是推動生命運行的動力，也可以說是維繫生命的力量，是身體的機能。在古往今來的東西方文化中，它是歷久不衰的話題，擁有生命力就擁有生命。因此，許多期望長生不老的皇帝都在尋求生命力。

氣能（prana），是我們在印度的瑜伽修行者那裡經常可以聽到的一個詞語。在印度人的眼中，沿著人類四肢中的血液系統運行的氣能，可以依託於有規則的深呼吸得以鍛鍊和提高。在我看來，我們日常生活中所說的那種勁，那種生命力，就是瑜伽中的氣能。

「氣」，是中國古代的醫學常用詞語。在中國人的眼中，沿著人類的經脈運行的氣，可以借助「吐納」（一種有規律的深呼吸）來提高。因此，我們所說的那種勁，那種生命力，也是「氣」。中國人根據自創的經脈理論，創造一套行之有效的針灸按摩術，它十分有效，也十分神奇。

「霸氣」這個詞語，可以從日本的典籍中找到，在日本人看來，人類的眼睛、聲音、身體的姿勢，可以展現和傳播它。在我看來，這與我們所說的生命力是同一種東西，而且它最接近我們的理解。

近代唯心主義者——例如：黑格爾[2]，把「食物透過消化釋放的能量」解釋為這種生命力，它在人類的體內會沿著血液循環系統傳播。

「生物電磁場」——這是接受法拉第[3]電磁理論的學者解釋生命力的說法，在他們看來，它（生命力）圍繞神經系統得以展開。

我們從印度、中國、日本、德國、英國的文化中，找到一個共同的東西——「生命力」。對於這個共同的東西的解釋，不同的民族不盡相同。然而（事實上），任何解釋都不足以令人信服。但是，我們可以發揮東方人的專長：對於它到底是什麼，不必去理解，直接運用它就可以了。像這種看待問題的方法，我們可以現在來學習。

即使各個民族都有不同的解釋，可是卻有共同點存在於這些解釋中：一是生命力會表現於一舉一動中，對於我們的氣勢，感受到這種生命力的人會以此判斷；二是在提高生命力上，呼吸好像有更重要的作用。

即將要被我們運用的身體氣場，即生命力，或是說這股勁，它的表現主要包括「身體的姿勢」、「眼神的力度」、「臉部的表情」、「語言的氣勢」這四個方面。

內容概要

一・氣場猶如硬幣的兩面，即身體和心靈。身體與心靈缺少任何一個，氣場都會宛若只有一隻翅膀的鳥，無論如何也飛不起來。愛因斯坦的整體氣場之所以很弱，就是因為其缺乏身體氣場。

二・身體氣場的另一個名字——生命力，我們在印度、中國、日本、德國、英國的典籍中找到的共同的東西就是它。身體氣場主要包括「身體的姿勢」、「眼神的力度」、「臉部的表情」、「語言的氣勢」這四個方面。

1. Albert Einstein，美國籍德國猶太裔，理論物理學家，相對論的創立者，現代物理學奠基人。
2. 格奧爾格・威廉・弗里德里希・黑格爾（Georg Wilhelm Friedrich Hegel，一七七〇—一八三一），德國近代客觀唯心主義哲學的代表、政治哲學家。
3. 麥可・法拉第（Michael Faraday，一七九一—一八六七），英國物理學家、化學家，也是著名的自學成才的科學家。

—第四章—

保證強大氣場的方法——身體姿勢

聽從身體的安排

我們在上一章中說到，身體氣場主要包括「身體的姿勢」、「眼神的力度」、「臉部的表情」、「語言的氣勢」這四個方面。或許你會問我，強氣場的姿勢到底是何種姿勢？我不知道，可是我要跟你說：「對自己的身體進行觀察，答案就會被你自己找到。」

第一步，回憶這個情景，假如你上課遲到了，為了避免被老師發現，你會有何種身體反應？如果我沒有猜錯，你可能會收縮雙肩、收緊胸部、頭低下、腰彎起，最大限度地減輕呼吸。我說的是否正確？如果正確，為何會如此？這麼說吧，如果你只是害怕被聽到，只要躡手躡腳地走路就可以了，可是那些多餘的動作，你為何還要做？——**你下意識地在收斂自己的氣場，這是唯一合理的解釋，原因是：你自己本能地知道，如果這樣做，別人就無法輕易地感覺到你。**

同理，想要提高自己的氣場，就要做出完全相反的動作：伸展雙肩、挺起胸部、頭揚起、腰直挺，逐漸地加深你的呼吸……心理醫生為毫無信心的人採取輔助治療的時候，很多都包含擴胸運動，原因即在於此；為了提高軍隊士氣，士兵會被要求抬頭、挺胸、收腹。

第二步，再回憶你打哈欠的動作。打哈欠是我們慣有的一個動作，尤其是早晨醒來的時候，我們經常會打哈欠；此外，還會不自覺地伸懶腰——伸展自己的手臂，將自己的脊柱和胸部伸展，然後深吸一口氣。

第三步，進行回憶，我們在長時間工作、感覺很不舒服的時候，伸展我們腰部的情形。是啊，我們正在將自己的肌肉進行舒展。我們的身體會在我們長時間地讀書或是學習之後出現狀況，因此讓它快速地變得暢通是我們的當務之急。

千萬不要認為我在小題大做，與我們身體的這些動作較勁。**在我看來，人體恢復生命力的方式之一，就是打哈欠等動作，這些伸展動作是一種本能；**因為它們是本能——歷經歲月的洗禮，仍然被進化數萬年以後的人類保留，所以最有借鑑意義。我們的身體認為，這是最可以提高我們的身體氣場生命力的方式。這是我們身體的秘密。我們絕對不能把這種伸展理解為懶惰、困頓、疲勞，原因是：我們身體感受到生命力的缺失，所以才會本能地做出這些姿勢。最有效地恢復我們生命力的方式，就是這些姿勢。

對於我們身體的這些動作和姿勢，可以加以研究，對它們的過程予以觀察，並且瞭解它們的意義，然後有意地利用它們，提高我們的身體氣場，我們可以獲悉這個秘密並且熟練運用的時候，想要再將其捨棄就會比登天還難。

將生命力的通道疏通

如果對打哈欠這個動作進行仔細觀察，我們很容易發現它需要兩個步驟：第一，舒展；第二，與舒展的方向正好相反——肌肉的回縮或是繃緊。這是兩個相輔相成、缺一不可的動作，肌肉的伸展與繃緊都是不可或缺的。假如伸出去的手臂可以繃緊著回縮，你就會覺得更舒服。

我們的身體在舒展並且回縮的過程中，就像管道閉塞之後要疏通一樣，這好像是在讓什麼東西變得暢通。在疏通管道的時候，向兩個方向反覆疏通的效果，比只向一個方向疏通更好。

我對此的解釋是：在大腦和腹部的太陽神經叢[1]、腰部的骶神經叢[2]之間，生命力（或是說身體氣場）的運行如果使通道不暢，通往肌肉和細胞的生命力很容易因此而不足，所以打哈欠、伸懶腰這些動作，都是在疏通生命力的管道。

強大的身體氣場的秘密即在於此，有些人身體氣場強大的唯一原因也是如此。那些金剛塑像看起來那麼威武的原因，也是如此。

那些氣場真正強大的人在做什麼？是否在生命力運行已經堵塞的時候，他們才會想到清除淤塞？絕對不是，他們會讓管道總是暢通無阻。他們擅長這樣做，因此他們有始終蓬勃旺盛的身體氣場。

我們對那些氣場強大的人的身體姿勢進行觀察的時候，會看到什麼？——打哈欠和伸懶腰的變形，這是我們看到的，換句話說，這就是上課遲到的時候動作的反面，這些姿勢被強氣場人士本能地運用。

舒展的肩部

氣場的身體之極的首要動作是舒展肩部。對那些氣場強大者的肢體動作進行觀察的時候，我們可以看到的最明顯的特點，就是舒展的肩部。

然而，我們卻不能像打哈欠的時候那樣過分。打哈欠的時候，我們雖然是在舒展四肢，但是由於那個時候我們必須「瞬間」打通氣場管道，因此做得過分，畢竟矯枉一定要過正啊！

脊柱和腰部

脊柱挺直、腰部繃緊，是極為重要的。

神經纖維最密集的地方就是大腦，我們已經把它歸為施加心靈影響力的器官。連接大腦和身體的最大管道，就是身體上的脊柱，它的裡面全是神經束，人們會覺得彎曲的脊柱死氣沉沉。身體中，神經組織最密集的地方是骶神經叢，我們想要把骶神經從生命力「擠」出來，就要依託收緊的腰部，你應該明白士兵總是被要求挺直背部和提臀的原因。

抬頭和挺胸

我們在打哈欠的時候，頭部向上抬和胸部向前猛突應該是最大的身體變化。強氣場必備的身體姿勢，就是抬起的頭部和挺起的胸部，同時也是強大氣場最明顯的象徵。

我們在動物界中發現，雄性猩猩在展示自己氣勢的時候，會把自己的頭部和胸部挺起，同樣地，人類在提高自己氣場的時候，也需要抬高自己的胸部，脊柱還可以透過抬起頭部和胸部得以疏通。

肺活量可以透過深呼吸練習而提高，進而抬高胸部。我們將在第六章對深呼吸練習進行詳細介紹，它可以抬高頭部和胸部，還可以增強我們的語言氣勢。

收起的腹部

提肩、挺胸、抬頭、提臀，這些是士兵一定要做到的。此外，收腹也是一個硬性規定。最難理解的部分就在於此，可是很多人不瞭解原因為何。

腹部的太陽神經叢——就像太陽散發光線那樣，以肚臍為中心展向四周。身體中，神經最密集的地方就是在此，同時也是人類的底氣所在。東方人認為，這個地方是生命力儲存最豐富的地方。在他們看來，腹部向下垂，就會漏氣。

或許，你會反駁：大多數氣場強大的人都是大腹便便的，腹部好像是向下墜的。確實如此，但是你可能忽略一個事實：那些人的大肚子通常是緊繃的。他們的肚子在平時放鬆的時候好像軟綿綿的，可是如果需要他們調動自己氣場的時候，就會瞬間繃緊腹部。

修練中國功夫的人要遵循一條戒律：清晨起來不能小便。過去，我們的醫生對此總是無法理解，然而他們終於因為最近的研究而有所領悟：對於熟諳身體機能的中國人而言，腹部的重要性是他們很早就認識到的——原因是：那裡正是人類的太陽神經叢啊！

氣場的指針——眼睛

有一句話，我們總是可以在文學作品中看到：「自己總是覺得被一雙眼睛看著」。我也有很多次相同的經歷，覺得似乎有人在盯著我的後腦勺，我回頭看的時候，確實有一個人在望著我，一般來說，對方都會感到非常抱歉，然後移走目光。

我原本不必對關於眼睛傳達感覺、印象、影響力的功能細說，但我還是想要解釋眼睛的作用——借助戀愛中眼神傳情達意的例子。眼睛傳達訊息的作用，在男女交往中大於言語。試想，一個結了婚的女人，用命令的口氣讓自己的丈夫看著自己的眼睛，逼問「那個女人是誰」的情形，就可以完全瞭解。

我們如果假定一個人的氣場是圍繞其身體大約一公尺的圓，其應該是一個和雞蛋差不多的橢圓，我們眼睛瞄向的方向就是它凸向的方向。

人們接受別人眼睛影響的能力，會由於使用眼睛施加感覺、印象、影響力的能力不同而不同。以整體情況來看，女性在傳導上稍遜於男性，但是女性卻比男性敏感，有更強的接受能力。然而，由於一些美女對這種感覺習以為常，因此要變得麻木，否則要對圍攻自己的諸多貪婪的氣場進行回應，很明顯會是一件相當疲憊的事情。所以在公共場合，她們很少願意露面，尤其是那些本身氣場很弱的美女，總會有一種喘不過氣的感覺。

我們可以用眼睛把氣勢傳達出去，也可以把具體的思想傳達出去：我想要逃跑、我想要讓你嫁給我、你很漂亮、我想要吃你手裡的東西、我想要讓爸爸給我一些零用錢、我不太喜歡你、我有些口渴、你傻了吧、誰會要這個東西啊、我命令你坐下、我要你離我遠一點、我知道你會聽我的……我們可以用眼神來表達這些想法，同時特別直接，沒有人會對此表示懷疑。

眼睛是心靈的窗戶，也是「發射氣場」的指針。

無論面對個人還是群體，自己在特定方向的影響力依靠眼睛來加強，以便在特定方向讓氣場變得強烈，即「定向投射」。同時，它還有一個「定向傳導」的稱謂，前提是應該有比較長的持續時間。

用來向對方投射積極影響的方法即「定向傳導」，這是很簡單的方法。眼睛對交流表達的作用，在社交中大於我們的想像。

看著對方的時候，某些問題極有可能會出現。原因是：你也會被對方的眼睛同時影響，如果對方打亂你的氣場，容易潰敗的就是你。因此，為了避免被對方影響，你需要掌握一個技巧——對方的鼻頭靠上一點的地方，例如：眉心、前額，是你可以著落目光的地方。如此一來，對方可以直接感知你的氣勢，他的氣勢又會較少地影響你。然而，這只是氣場練習中的過渡階段，假如你在持續培養自己氣場的時候可以遵循我們的練習，你的能量就會得到持續提升，直到你可以直視對方的眼睛，擾亂對方，自己卻不受干擾。

握手的秘密

在進入氣場練習之前，我想要先介紹身體接觸的情況，雖然氣場研究的領域不包含身體相觸的情況，但是就像直接相觸的磁鐵一樣，身體接觸同樣具有無窮的魔力。

對於身體接觸時的情況，相信任何善於仔細觀察的人都不會忽視，即使其不那麼頻繁，可是如果出現，它都會有特別有力的效果。

比較透過氣場（主觀印象）傳達的訊息，我們握手的時候傳達的訊息更有力，這一點無須置疑，「一個溫柔的親吻，比傾慕的眼神可以更有效地傳遞愛意」——這顯然是眾所周知的。

對於握手、接吻或是臉頰相觸的時候可以激發的衝動有多麼強大這一點，我不必提醒我的學生們，因為這是婦孺皆知的事情。對於那些行為放蕩的人是怎樣借助身體的接觸傳達自己的情欲，也無須多言。年輕人，尤其是年輕女性，對磁場相接可能帶來的危險應該充分地瞭解，原因是：它總是可以激發情欲，而且通常都很強。反觀那些不自律的人——那些擁有強烈欲望的人，總是希望激起年輕女性的欲望，但是這樣通常會致使她們身敗名裂，甚至徹底毀滅。對於這個不體面的話題，我不再贅述，可是這個話題又是我不想讓我的學生們忽略的，這也是為了讓他們對身體接觸可能帶來的危險予以充分理解，尤其是他們接觸到這個方面的高手時。

氣場強大的人，在影響別人的時候，善於借助身體接觸。我們從握手的瞬間就可以感覺到：這個人可以信任，這個人很狡猾，這是一個很膽怯的人；或是，這是一個讓我喜歡或是討厭的人。

或許你注意過，政治家、牧師、銷售員、主管——這些需要用氣場來影響我們的人，習慣上都會用他們的手輕拍我們的肩膀或是手臂。在某些場合——例如：簽合約的時候，末了，另一方的背部會受到強勢一方一隻手的輕拍，好像在說：「好了，在這裡簽名，所有事情都沒有問題了，放心。」磁鐵相觸的情況即是如此。

催眠師在輔助催眠的時候，通常會運用自己的雙手，多數演講者在傳達自己意思的時候，也會借助手勢，原因是：手是極為有效的傳情達意的工具。手上有相當豐富的神經，畢竟十指連心，手有巨大的傳遞氣勢的作用。

我只想討論在身體接觸的大多數情況中的「握手」，因為這與你們最密切，同時也最有實用價值。假如你在握手的時候想要影響對方，希望自己堅定的想法可以被他感受到，可以直接在你的手上表現「渴望+信心」，如此一來，就會提高他被影響的機率。

握手會不可避免地發生在你遇到認識的人的情況下，此時你的頭腦裡想著你的堅定，然後把它用手確定地傳遞給對方，如此一來，對於你的影響，對方已經做好接收的準備，隨後他就會更容易屈服。事實上，你最後的勝利在握手的瞬間，已經埋下決定性的伏筆。

握手的時候，必須真心實意，不能太粗暴，也不能握太長時間，沒有人喜歡被握得太緊甚至受傷，尤其要記得「真心實意」這個詞語。不可以有氣無力地握手，必須要握進感情，讓指尖與掌面完全接觸，然後有力地搖晃，讓這個動作變成一個生機蓬勃的過程。與對方握手的時候，必須要讓對方覺得很重要，握住一會兒，然後好像很不情願地鬆開。在這個過程中，表現出真誠是很重要的。

想要有更深的體會，可以找一些親和力極高的人和他們握手，例如：事業成功的企業家，感受你是怎樣被他們影響的，感受你是怎樣因為與他們握手而輕鬆地卸下警覺心（disarm you），一定要向他們學習。

在結束這一章之前，另一種氣場影響形式——近（nearness），是我要為你呈現出來的。影響的傳達是否有效，取決於兩個人身體距離的遠近。一流的推銷員都瞭解這個道理，距離越近，顧客越可以被影響，因此他們盡量和顧客套交情。「促膝而談」或是稱之為「心與心的交流」（heart-to-heart conversations）也不是真的接觸，都是透過「近」來實現的。

內容概要

一・我們氣場的秘密會被身體揭示出來。強氣場的身體姿勢包括：肩部要舒展、頭部要揚起、胸部要挺起、脊柱要挺直、腹部要收緊、腰部要提起。

二・握手的時候要真誠。

三・眼睛是心靈的窗戶，是氣場的指針。

四・我們如果假定一個人的氣場是圍繞其身體大約一公尺的圓，其應該是一個和雞蛋差不多的橢圓，我們眼睛瞄向的方向就是它凸向的方向。

五・人體本能地恢復它的生命力的一種方式，就是打哈欠，它是一種本能。

六・那些氣場真正強大的人會讓管道保持暢通，不會等到堵塞之後再去清除淤塞。因此，他們始終有蓬勃旺盛的身體氣場。

七・不可以有氣無力地握手，必須要握進感情，讓指尖與掌面完全接觸，然後有力地搖晃，要讓這個動作變成一個生機蓬勃的過程。

1. 位於腹部，由於它以肚臍為中心向四周展開，就像太陽散發光線那樣，所以被稱為太陽神經叢。
2. 位於腰骨以下，尾骨以上。

第五章

隨處可做的身體氣場練習

啟動神經叢：生命力的儲存地

第一，啟動太陽神經叢。印度、中國、日本、歐洲對於「為什麼肚臍以下的位置那麼重要」這個問題給出各種解釋。這個區域在歐洲被稱為太陽神經叢，歐洲認為它是生命力最大的聚集地和最大的儲存場所。

在鍛鍊太陽神經叢之前，我們必須做收緊腹部的練習，重複地把自己的腹部肌肉向內向上運動，讓其固定在那裡。起初，或許你會覺得困難，這是由於長期缺乏鍛鍊的腹部會出現酸痛感所致，但是你必須堅持。另一個同樣有效的方法是仰臥起坐的練習，但是其方便性相差許多，因為不能隨時做。

第二，啟動骶神經叢。身體生命力的另一個重要儲存場所，就是骶神經叢，它位於後腰部以下不遠處。要啟動這個部位，練習挺腰運動即可，但這是一個比較難找的部位，可是我們這樣做就可以找到它：盡量向前拱起腰部。此時，人們通常所說的後腰部稍微下面一點就是骶神經叢。現在，想要練習骶神經叢，只要「拱動腰部下面一點」就可以了，每天重複幾次。

可以同步練習這兩個神經叢。這兩個部位要是罹患疾病，許多問題都會不斷地出現在身體的各個部位。你如果可以加以練習和保養，不僅可以提高氣場，對人體健康也有難以預想的作用。

提高生命力

收縮，是上述兩個神經叢練習之時的要點，除此之外，身體其他部位的練習都需要借助伸展。現在，基於前面章節的內容，我會提供幾個練習。這些練習在進行之前，我需要讓我的學生明白，必須在一種極其自然的狀態下做這些練習。在做這些練習的時候，只要聽從你身體的指示即可，必須拒絕造作，而且不能讓身體覺得彆扭。

這些動作經過一段時間的練習以後，就像吃喝一樣，都會成為你的習慣，你的身體氣場和心靈氣場也會隨之發生轉變。值得注意的是，在做這些練習的時候，要掌握適度原則，不必做得太多，如果你的身體發出「不需要這些鍛鍊」的訊號，就不要勉強自己去做。

以下，我要用一種簡單的練習，吸引你的注意力，即有意的伸展。這是一種相當簡單，但卻是極為有益的練習。這些伸展練習，不管你在何處都可以做。許多其他的練習都會被一些個人魅力培訓師列出，但是它們只是把這些伸展練習變形，他們只是把它們變得複雜化。

一・雙手手指交叉，雙手握住，翻轉雙手，並且高舉雙手超過頭頂，用力伸展雙臂，讓其盡量伸長。在做這個動作的時候，要輕柔地、隨意地，只要牢記一點——盡量伸長手臂，然後緩慢地收回來，重複數次。這個動作只是把打哈欠的動作變形，變得更文雅，但是同樣有效。

二・左手靠背，右手搭在左邊肩膀上，身體朝左扭動，然後再扭向右邊，重複數次。左手同理。

三・把你的右腿伸出，用右手把膝蓋壓住，身體向下壓幾下。左腿同理。

四・順時針、逆時針緩慢地扭動脖子數圈。

五・把右手手指伸開，左手手指交叉於右手手指，像練習脖子一樣，讓右手掌圍繞右手腕關節前後運動，然後扭動右手腕關節。左手同理。

六・右腳掌伸直，像練習脖子一樣，讓右腳圍繞踝關節前後運動，扭動右腳掌。左腳同理。

七・擴胸。盡量向後移動雙手，胸部挺起，讓其盡量向上向前挺起，重複數次。

八・脊柱挺直。向上仰起頭，緩慢地向後傾斜身體。有時候，你可以聽到自己的脊柱舒暢的嘎嘎聲。

九・軀幹彎曲。站直，雙腳可以分開也可以併攏，向右傾斜身體，同時盡量向右彎曲頭部、脖子、脊柱、腰部，左右各重複數次。然後向前傾，好像自己的手要觸到地面一樣，重複數次。

十・練習握拳。手掌和手指的能量可以被緊握的雙手啟動。雙手用力地握緊，持續幾秒鐘，然後放鬆，重複數次。

做完上述簡單的動作之後，你會發現自己得到休息，力量也像重新獲得一般，對此你一定會感到驚訝。這些極為簡單的動作，卻有不可忽視的作用。你身體內的通道在這些肌肉交替繃緊、放鬆的過程中，已經得到疏通，因此你會感到體內重新充滿生命力。

原本，本章的以上內容可以擴展成一本書，但是瞭解這些練習的精髓就可以了。事實上，有兩個詞語就可以囊括這些練習的要素：伸展、繃緊。牢記這兩個詞語，並且在你身體的各個部位運用它們，一套身體氣場的練習方案以及你自己的練習術就會被你擁有，並且完全屬於你。相信你的身體必定會被這套練習方案啟動，進而促使生命力在你的體內順暢運行。

習慣的作用

人與人之間姿勢上的差異，是其身體氣場的差異最集中的表現，生活習慣的差異導致姿勢的差異。不同的人，他們的生命力會因為生活的習慣不同而不同，一個人的生命力旺盛與否，必然受到習慣改變的影響。因此，我們要將提高氣場的各種姿勢，歷經二十一天的練習以後，轉化為自己的習慣。

其實，指導你怎樣改變自己的習慣，即是本書的目的之一。習慣成自然，久而久之，這些有助於提高氣場的姿勢，就會被你很自然地保持。

以上這些練習如果養成習慣，你會發現自己的身體氣場在被這些練習提高之餘，還有另一個附加的好處——你有更旺盛的精力，你的身體也會比過去更健康。

讓我們慶幸吧，我們只需要用習慣來保持強大的身體氣場。

內容概要

一・太陽神經叢、骶神經叢，可以透過收腹、提腰的練習啟動，進而將身體的生命力激發出來。

二・身體的生命力可以因為伸展的練習得以提高，同時這是一些在任何地方都可以做的練習。

三・人和人之間姿勢上的差異，是其身體氣場的差異最集中的表現，生活習慣的差異導致姿勢的差異，我們只需要用習慣來保持強大的身體氣場。

一第六章一

高氣場呼吸練習

十足的底氣

影響別人最有力的武器之一——語言的氣勢。聲音作為人和人交流的最基本的形式，是氣勢傳遞的有效工具。

與別人交流的時候，我們影響別人的語言武器，五〇%以上在於我們怎麼說，而不是在於我們究竟說什麼。

「底氣」，是中國人經常說的一個詞語，可以說明「聲音在傳遞氣場的時候的重要作用」。以下，我們來看看那些氣場強大的人，對於聲音的極高氣勢（即底氣）是如何保持的。

第一，他們與別人交談的語速很慢，但是力度夠大；第二，他們有深沉而富有節奏的呼吸，但是他們的呼吸是別人基本上無法感受到的。

一般來說，就是這些特點，我們可以仔細觀察那些利用氣場來影響別人的人，舉一個例子：政治家、牧師、律師、推銷員，或是我們崇拜的人，他們說話的時候，不外乎上述兩個特點。

然後，我們可以對他們的身體姿勢進行觀察，設法瞭解他們是依靠什麼在說話的時候有氣勢。

第一，強大的肺活量。肺活量如果很大，表示肺部肌肉堅實，你的每句話都會因此而鏗鏘有力。至於這些人的呼吸為何不容易被別人察覺，也同樣可以用「肺活量大」來解釋。由於他們的肺活量大，所以肺裡的空氣或多或少的時候不容易被別人察覺。

第二，胸部肌肉堅實。氣場強大的人，說話的時候之所以力度很大，即是由肺部和胸部的肌肉強度來決定的。他們可以調整自己的說話速度，這兩個部位肌肉的強大產生決定性作用。這兩者都可以借助深呼吸的練習來完成，針對這個方面的能力，擴胸運動可以產生有效的輔助培養作用。

第三，腹部肌肉堅實。由於腹部——太陽神經叢所在之處的收緊，就會讓身體向上托起，導致你說出的每個字和每句話都帶著強大的力量，這就是稱說話的時候表現出來的氣勢為「底氣」的原因。世界各地的女性都注重束腰，其實就是把腹部勒緊。做到不漏氣的一個簡單實用的方法，就是收緊的腹部，收腹練習和仰臥起坐都可以達到這一點。

一呼一吸，盡顯魅力

氣場狀態對應於呼吸節奏，換言之，每個氣場狀態（身心狀態）具有特定的呼吸節奏。想要瞭解其中的奧秘，必須對自己的生活經歷進行回憶。回想一下，你怒氣沖天或是被嚇壞的時候，你的呼吸狀態是否一如既往？它們到底是什麼樣的？你心平氣和、心情愉悅的時候，又會有何種呼吸狀態？你會看到，那些精力充沛、氣場強大的人，對於「完整呼吸」了然於胸，他們均勻地呼氣、吸氣，而且有穩定的呼吸速度，同時總是呼吸得很深。相反地，那些氣場比較弱的人，總是呼吸不規律，或是呼吸很淺。

「每種特定的氣場都有其特定的呼吸頻率」，對於這一點，你如果可以理解，就可以明白「自動調整我們的呼吸狀態，身心狀態也會因此獲得改變」。對於自己表現最佳時的呼吸頻率，你可以有意地記住，同時有意識地練習這種呼吸，最好把它變成一種習慣。如此一來，突然遇到變故——立刻要火冒三丈或是手足無措之時，你自己的呼吸頻率可以得到有效的控制，杜絕突然發生呼吸急促或是大口喘氣的情況。

怎樣才算是最佳呼吸頻率？你如果仔細回想，就會有所發現。或許你會注意到，這是一種很深、很慢、很有節奏的呼吸狀態，宛如一個大鐘的鐘擺在緩慢地、有節奏地擺動。

以下，必須記住「保持高氣場呼吸的原則」，這也是唯一的原則：首先，你一定要知道自己的氣場最佳時的呼吸節奏（或是你的氣場偶像的呼吸節奏），並且做到精確；第二，你可以有意地記住這個節奏，用心感受它帶給你的身體和精神方面的變化，直到你的記憶力牢牢地印下這個節奏的痕跡，甚至成為你的一部分。

高氣場呼吸原則

上中學的時候，我曾經參加學校的話劇社，哈姆雷特是我飾演的固定角色。即使很多人都羨慕我，可是說實話，我每次上台以前都會信心不足。儘管我已經飾演這個角色無數次，但是對於自己還是無法做到完全信任——「不知道這次是否會搞砸」這個問題總會縈繞在腦海中。每當此時，我的老師艾蜜莉（Emily）小姐都會看著我的眼睛，對我說：「希恩（希恩・德瑪，Theron Dumont，本書的作者），深呼吸，不要緊張。」每次我由於一些小事要將怒氣發洩到別人身上的時候，艾蜜莉小姐依然會對我說：「希恩，冷靜下來，深呼吸。」結果呢？深呼吸真的有出人意料的效果。

高氣場的呼吸頻率是深沉而有節奏的呼吸狀態，與深呼吸極為類似。我們應該保持的這種

「深沉而有節奏的呼吸狀態」並非深呼吸，可以透過深呼吸練習鍛鍊肺活量、肺部力度、胸腹肌肉，「高氣場呼吸節奏」保持在我們的習慣中，並且順利地成為我們生活的一種常態。

為了檢驗，你可以先做一兩個深呼吸，甚至更多一些，對此時自己的身體變化予以感受。深深地吸一口氣，稍作停頓，然後慢慢地吐出去，重複兩三次，相信你一定會感受到自己身體的變化。確實如此，你會感到神清氣爽。此外，你還可以做一個實驗——不斷地深呼吸，持續十幾次（如果可以，你可以做得更多）。哦，天啊，你一定感到頭暈目眩吧，但是隨即就會覺得精神百倍！確實，對於身體，深呼吸的作用相當奇特——因為大腦可以在短時間裡被注入大量氧氣。

經歷精神創傷的時候，你的身體本能地知道這種最自然的呼吸頻率，可以讓你從緊張、害怕、暴怒等狀態中迅速回歸。深呼吸——可以讓你從激盪的心情中恢復過來，驅除你的疲勞、增加你的能量、提高你的生命力。最終，你的身體氣場也會同時增強。

練習深呼吸的時候，要注意一個錯誤，即做作。不要去數呼氣要幾秒，吸氣要幾秒；也不要有意地將呼氣或是吸氣的時間延長，或是盡量（刻意地）讓每次呼氣或是吸氣的時間一樣長；不必刻意地憋氣，覺得必須要達到一定時間才可以。毋庸置疑，外在的那些時間標準都是無意義的。對於「什麼是最適合自己的」，相信你的身體已經知曉，因此要聽從自己身體的指示，因為它是最權威的。同時，不要去想每天要練習幾次，每次要多長時間才可以提高生命力、提高身體氣場，一切都應該順其自然。**練習深呼吸是你唯一的任務，透過它可以培養「深沉而有規律的呼吸節奏」**。

最後，請記住：身體的另一個秘密被你發現了，但這絕對不是我告訴你的，而是你的身體。

內容概要

一・與別人交流的時候，我們影響別人的語言武器，五〇%以上在於我們怎麼說，而不是在於我們究竟說什麼。

二・「深沉而有規律」是最有底氣的呼吸模式。

三・強大的肺活量和強健的胸肺肌肉，是高氣場呼吸模式的保障。

四・人們的肺活量、胸肺肌肉、底氣，都可以因為深呼吸練習得以提高和增強。

五・「很深、很慢、很有節奏」，是最佳的呼吸頻率，其宛若一個大鐘的鐘擺在緩慢地、有節奏地擺動。

六・經歷精神創傷的時候，最自然的呼吸頻率，可以讓你從緊張、害怕、暴怒等狀態中迅速回歸。

七・練習深呼吸是你唯一的任務，透過它可以培養「深沉而有規律的呼吸節奏」。

第七章

心靈的顏色與氣場的性質

心靈的力量

我認識一位女士，她生了一對雙胞胎，卻必須分開這兩個小傢伙。於是，一個孩子跟著祖母定居在法國的南方，一個孩子跟著母親留在巴黎或是到處旅遊，一年之中，兩個孩子碰面的機會屈指可數。

我曾經從這位母親那裡聽到兩個孩子的趣聞。她說，身邊這個孩子如果活蹦亂跳的時候，對另一個孩子就不必擔心。原因在於：如果其中任何一個孩子情緒低落或是生病，另一個孩子必然會有所反應，甚至會有完全相同的症狀。她舉了一個例子：一次，在冬天的倫敦，她身邊的孩子無緣無故地生病，經過醫生診斷，孩子罹患花粉過敏症。然而，花粉不存在於冬天的倫敦，這位母親後來才得知，原來是在南方的那個孩子罹患花粉過敏症。

心靈的力量既強大又未知。從整體上說，現代心理學的研究成果對於心靈的力量極其有限，甚至有些人將現代心理學和成熟的心理學研究放在一起做比較，覺得嬰兒時期，甚至子宮時期，是現在的心理學研究階段。關於心靈的許多未知能力，有賴於以後的心理學家去研究和解釋。**目前，我們只能做出一個非常模糊的定論：心靈有強大無窮的力量。**

依託於佛洛伊德[1]博士的理論，由於在嬰兒時期的孩子沒有自己的意識，所以他們在與這個世界進行交流和感受這個世界的時候，徹底依賴自己的潛意識，於是他們有最強大和敏感的心靈感應能力。但是，他們隨著年齡的增長而形成自己的意識以後，潛意識就會向後台退去，開始對其他事情予以掌控。然而，在《夢的解析》中，他清晰地指出：潛意識永遠不會消失，我們靈魂的一部分永遠是它。

心靈的顏色

我們的氣場會隨著心靈的變化而變化，我們的氣場被心靈之極「定色」。

研究發現，對顏色有不同的喜好和偏愛的人，必然有不同的性格。雖然氣場是我們無法看到的，但是為了便於研究，我們可以設定不同的顏色代表不同人的性質不同的氣場。通常，顏色主要分為冷色和暖色，比較內向的人大多偏愛冷色；反之，比較外向的人大多偏好暖色。以下舉例說明：

武士型　紅色　易怒，熱情，愛恨分明，容易遺忘……

軍師型　藍色　聰明，個性矜持……

巫師型　紫色　聰明，個性十足，極度內向，情緒不穩定，見解獨到，自娛自樂……

國王型　黑色　意志堅定，心思縝密，幹練內向，往往有驚人之舉……

隱士型　綠色　平和，隨和，無欲無求，可以和所有人做朋友，但是避免和人們過度交往，隨遇而安……

孩童型　橙/黃色　外向，開朗，容易衝動，有求知的欲望，善於冒險，充滿上進心……

天使型　白色　不容易原諒別人，有完美主義傾向……

公主型　粉紅色　樂觀，充滿對美好的渴望，不諳世事，到處受寵……

如果以這個角度對氣場進行區分，還有很多組合類型，原因是：任何一個人都不只對一種顏色鍾情，在此，組合的情況不再細說，在《氣場修練的高級課程》中，我會與朋友們分享。

然而，我們要明確一個事實：不管你是什麼樣的人、有何種心態，你的氣場都可以明確無誤地被染成相應的顏色，你接觸到的所有人都會隨即接收到、感覺到，並且只要一微秒時間就可以傳達完畢。

氣場的性質與氣場不合

任何兩個人都會因為氣場的顏色差異太大而容易不合。

每個人幾乎都有參加聚會（party）的經歷，聚會上人員複雜，我們並非認識每個人，也未必有接觸的機會。一般來說，到達聚會地點之後，我會大致觀察周圍的人們和環境，決定哪些人要去接近，哪些人不會主動和他們搭訕，我相信大多數人都有這個習慣。我們會本能地選擇將會和我們成為朋友的那些人，原因在於：我們覺得他們的氣場與自己相合。

現代心理學研究顯示，人們的第一印象是一個很不可靠的觀點，可是人們通常都會相信，並且無法擺脫它。例如：面試官如果瞭解心理學，立刻可以明白，面前這個男孩或是女孩的能力。事實上，絕對不是第一印象就可以讓他看透的，然而在判斷應徵者的時候，他還是會根據第一印象——氣場。

我們堅信直覺（根據氣場得出的第一印象）的做法不僅正確，反而很有道理。**這是因為：氣場相合可以作為兩個人是否可以成為朋友，或是一個人是否可以融入一個環境的依據。**

現在，可以對你上次聚會的情景稍作回想，看看自己是否曾經遇到第一眼就覺得可以成為朋友的人，以此來用心感受氣場的是否相合到底是什麼。

一個學生曾經對我講述，他怎樣失去一份友誼，由於他拋棄這個朋友，所以他詢問我這樣做是不是很自私。

我有一個去印度傳教的朋友，我一直渴望在他離開的日子裡可以再次見到他，他一去就是三年。終於，等到他回來了，我急不可耐地去車站接他。但是，我們相遇以後，他傳達到我耳中的第一句話是：「親愛的希爾曼（Hillman），我的心情實在太糟了……」我極力地安慰他。在異國他鄉，他受了很多苦，我完全理解，我應該給予他作為朋友的最真誠的安慰。

但是，逐漸地，一個月接著一個月過去了——甚至一年之後，每次他遇到我的時候，還是忍不住抱怨，「糟透了」、「煩死了」、「很痛苦」等語句存在於他的言語中，不僅沒有減少，反而越來越多，似乎他無法從創傷中恢復過來。

最令人害怕的是，對於自己、家人、其他人、這個世界，他甚至公開把自己的憤恨和抱怨表示出來，聲稱有太多的人對不起他。我可以感覺到，他好像要報復這個世界。對此，我很擔心，同時也覺得他有些異常，甚至到了最後，即使他聲稱非常需要我的陪伴，然而我總是覺得自己正在被他身上的某種東西用力地推開。

他的朋友更少了，我甚至開始害怕見到他，而且主動拜訪他的次數也減少許多，原因是：我見到他以後，會有非常壓抑的心情。慢慢的，我再也不願意和他交往。

親愛的希恩老師，你是否認為我過於不近人情，竟然把自己曾經的朋友拋棄了，而且是在他最需要我的時候，但是我實在忍不住了，這應該如何是好？

我安慰他，任何朋友都是有規律地結合和分開，氣場遵循相似相容的原則。如果兩個人氣場不合，勉強在一起絕對沒有好結果。

氣場不對

一個人如果與大多數人都不合，我們稱之為「氣場不對」，如果他總是將負面的訊息傳遞出去，沒有人願意與其交往，這是本能——毋庸置疑。

朋友遭遇困難的時候，我們應該第一時間安慰他，提高其士氣。可是，如果一個人的心裡總是充滿憤恨和抱怨，所有人似乎都會本能地想要避開他，即使他們的理性告訴他們不應該這樣。

在宴會上，一個人如果交不到任何朋友，顯然，問題出在他的氣場上，我們稱之為「負氣場」。

人們夢寐以求的目標顯然是強氣場，那些帶有強大氣場的人總會把深刻的印象留給人們。但是，印象從性質上分有好有壞，所以也有正負氣場的說法。我們之前已經提到，最理想的狀況是有吸引力的強氣場，對於它們輻射範圍的人，它們可以凝聚進入；那些有排斥力的強氣場是最糟糕的狀態，因此對其影響範圍的人，它們會排斥進入。

每個擁有積極、正面的身心狀態（每個人都不同）的人，都會不由自主地變得高興，他們會被感染。大多數接觸擁有負面身心狀態的人，會莫名其妙地煩躁，他們被其染黑了。這兩種人的共同點「擁有強大的氣場」，他們的區別是性質相反——吸引力被正氣場發出，排斥力被負氣場發出。

為了對「氣場的對與不對」進行理解，請你對生活中遇到的某些人展開回憶，一眼看去，就會覺得「沮喪、無能、失敗、具有攻擊性的，甚至陰險的感覺」，就像烏雲蓋頂的他散發出來的；另一些人，給你「樂觀、自信、開朗、友善，以及值得依賴的氣息」的感覺，好像有天使守護在他的身旁。

與我們相似的氣場會本能地吸引我們，這就是氣場的相合。積極向上的氣場會吸引我們，原因是：我們想要感受陽光，並且對消極氣場充滿恐懼，猶如避開烏雲一樣——氣場的對與不對即是如此。

內容概要

一・「氣場不合」，是指兩個人總是無法和平相處；「氣場不對」，是指一個人和大多數人都無法和平相處。

二・「深沉而有規律」是最有底氣的呼吸模式。強大的肺活量和強健的胸肺肌肉是此種呼吸模式的來源。

1. 西格蒙德・佛洛伊德（Sigmund Freud，一八五六年五月六日—一九三九年九月二十三日），猶太人，奧地利精神病醫生及精神分析學家，精神分析學派的創始人。

—第八章—

改變心靈的顏色，改變氣場的性質

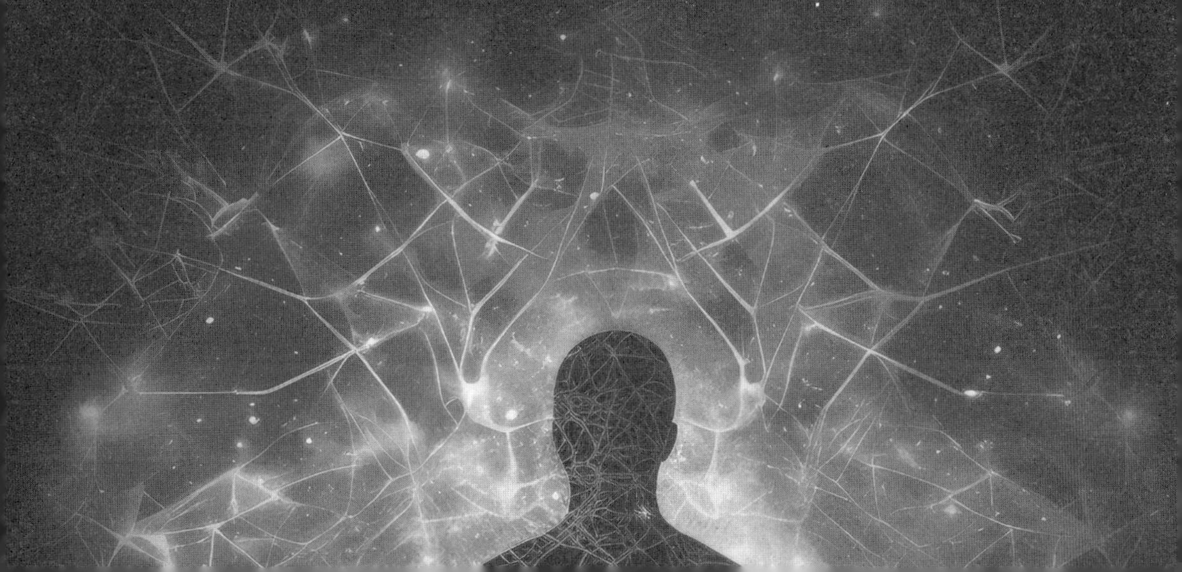

事實上，不存在解決氣場不合情況的方法。原因是：我們不可能為了迎合每個人而改變自己，所以我們唯一可以討論的是怎樣解決氣場對與不對的情況，即正負氣場。

尋找決定氣場正負原因的時候，如果想要請教為什麼氣場不對，我們可以把嬰兒當作老師。嬰兒的外在表現會曝露出潛意識，沒有顯意識加以保護，因此他們的感覺最靈敏，同時具有最強的感知外界影響的能力。

現在，我要先問一個問題：嬰兒如何才會受到影響？嬰兒就像一面鏡子，你的內心如果充滿愛，他就會笑；反之，如果你的內心充滿悲傷，他也會心情不好；你要是喜歡他，他也會喜歡你……

這是一個既簡單又實用的結論，因為它而得到的推論是：氣場，會因為你充滿愛而充滿愛，會因為你是幸福的而表現出祥和，會因為你是悲傷的而悲傷，會因為你脾氣暴躁而暴躁，會因為你膽小怕事而膽小怕事……

我們繼續往下推導會得出：一個充滿自信的人的氣場，會散發朝氣蓬勃、樂觀向上的氣息；一個缺乏自信的人的氣場，會把沮喪懊惱、死氣沉沉的氣息傳遞給別人。一個與人為善的人的氣場，會讓人們感到充滿陽光；一個憎惡世界的人的氣場，勢必布滿烏雲、人人自危。面對這一切盡在掌握中的氣場，試問有誰可以不為所動？那些充滿陽光的人，又有誰可以拒絕？

因此，自然地就可以得出結論：氣場被心靈定性了。人們的當下氣場，取決於其當下的心理狀態的模樣；人們的氣場如何，取決於其心靈狀態如何。如果我們把氣場比作聲音，它的音色和音調會被心靈之極確定，我們需要心靈之極為氣場賦性。

特定的思想並非這裡所說的心理狀態和心靈。舉一個例子：「今天我想要早一點到辦公室」，它只是當下的心理態度，或是對自己、對世界的看法，主要還是我們對自己的看法。

一個人的聲音、表情、走路的姿勢，取決於其心理狀態，甚至隨著自己心理狀態的改變，他的外貌也會慢慢地發生變化，人們的心理狀態完全決定人們的氣場。

有一個說法：相貌可以因為心理狀態而改變？這聽起來十分荒謬，可是「夫妻臉」（look alike couples）卻是你總是可以看到或是聽到的。一對夫婦因為長期生活在一起，由於相處得很好，心態會逐漸融合，必然會導致他們的容貌越來越相像。因此我們說，相由心生。

既然氣場的性質由心靈決定，我們可以看看到底存在哪些消極和積極的心理狀態。

積極：勇氣，進取心，自信心，與人為善，慷慨大方，對世界充滿信心……

消極：自我懷疑，恐懼，自私自利，懶惰，心理陰暗，具有攻擊性……

這是一個比我們列舉的更長的清單，可是在我看來，你已經可以明白這個意思。仔細觀察你周圍擁有正氣場的人，努力複製他們的品格。此外，還要觀察你周圍擁有負氣場的人，找出他們的問題，並且從自己的心中剷除那些問題。

心靈會隨著心靈食物的改變而改變

建構自己心靈的時候，必須記住：心靈會隨著心靈食物的改變而改變。因此，你必須將有益的心靈食物餵給自己，你的心靈會由於這些食物而大放異彩。

例如：多讀一些宣揚勇氣的故事，你就會擁有勇氣，因為你會慢慢地被這些故事影響；還可以多接觸有勇氣的人，在心裡牢牢地把「勇氣」這兩個字抓住。慢慢地，富有勇氣的心靈就會被你培養出來，隨著你心靈的改變，外界也會有相對的回應。必須記住：不要接觸相反的人和事，不要讓自己碰觸「懦弱」這個思想，一定要徹底抵制，就像迴避毒蛇一樣。

人們接受積極思想的速度，超乎想像。它會被心靈迅速抓住，如同海綿吸水一樣；積極思想影響環境也極為迅速，就像澱粉遇到碘水瞬間就會變成藍色一樣。你只需要堅持，在很短的時間內，一種直覺、一種習慣就會被你養成。從環境中，對於你應該選擇的東西，你會直覺地選擇。

例如：你培養出自信的直覺以後，會忽視一些傷害你的話。如果有人對你說：「比爾，你無法完成這件事情。」你會本能地對這句話予以反駁，摒棄這種評價，並且再見到對你說這句話的人，你會很討厭。原因是：你已經把缺乏自信趕出自己的心靈。

對你的心靈進行鍛鍊，選擇正確的食物，它會逐漸養成習慣，你在選擇的時候，也會很「直覺地」。完成鍛鍊以後，你的顯意識就不必再參與，心靈會自動地保護自己。同時，完成這些之後，美國作家馬福德（Prentice Mulford）所謂的「吸引力」，也會在你的心靈中形成，你的心靈會吸引你需要的積極的事情、人物、書籍。

如何培養強大的心靈？

在精心選擇心靈食物之餘，如果想要洗刷自己的心靈，我們還可以透過練習。

現在，我們可以學習「富蘭克林」這個人——美國第一個借助於自我修練實現夢想的人。他有非常值得借鑑的方法：他為自己列出一張清單，把完美的自己應該具有的特點記錄在內，同時還有需要改正哪些缺點，才可以塑造完美的自己。

每個星期，他都會找到一個目標去努力，最後他終於把自己變成自己想要變成的模樣。事實上，所有世界上最偉大的白手起家者共有的就是這個習慣。如果你也希望有所改變，可以試著為自己制定一個同樣的計畫。

我建議你先坐下來，對自己心靈的特點，進行全面而誠實的檢視，暫且不提哪些是積極的特點還是消極的特點，然後列出一張清單。此外，在自己的每個消極特點前面，畫上抹除這個缺點的對應物，然後在它的後面畫一個減號；相反地，把一個加號畫在每個積極特點上。這張清單，你要每天瀏覽，並且告訴自己：我要××，不要××。

假如你堅信自己將會勇氣十足，堅持去做所有指向「勇氣」的事情，久而久之，「勇氣」就會在你的心靈裡不斷增殖，猶如酵母一樣。

力圖清刷心靈的你，需要多長時間？富蘭克林用了一輩子，可是那畢竟太長了，我們只需要二十一天。現代心理學研究顯示，只需要二十一天來形成初步的基礎，再用六十九天來形成穩定的基礎，就可以改變習慣。所以，你必須先用二十一天的時間，使自己有初步的××，再加上六十九天強化它的時間。九十天過後，在你的心裡，××將會扎根，想要擺脫也很困難。此外，你逐漸地還會發現，這張清單上的減號在不斷減少，甚至消失。

到了那個時候，你渴望的美好心靈必定會被你擁有，你也可以掌握渴望已久的人見人愛、花見花開的氣場性質。

富蘭克林為自己列出以下心靈清單，你如果遇到這樣的人，是否會喜歡他？

一・節制欲望：食不過飽，飲酒不醉。

二・自我控制：對別人要克制、忍讓，不可以心懷仇恨。

三・沉默是金：少說廢話，不說假話。

四・有條不紊：做事有計畫，物品井然有序，所有的事情都按時去做。

五・信心堅定：信守諾言，完成要完成的任何事情。

六・節省開支：把錢用在對自己、對別人都有益的事情上，不亂花一分錢。

七・勤奮努力：不要浪費時間，永遠抓緊時間做有益的事情。

八・忠誠老實：不要說對別人有害的話，要表裡一致。

九・對人友善：不以詭詐的行為或是謊話去傷害別人。

十・保持清潔：身體、衣服、房間都要保持衛生。

十一・心胸開闊：拿得起、放得下，不要因為一些瑣事而心煩意亂、悲觀失望。

十二・謹言慎行：所有的言行都要符合道德標準。

十三・謙遜有禮：要像蘇格拉底那樣謙虛有禮。

不存在兩片完全相同的樹葉

羅斯福[1]和拿破崙雖然同為政治家，但是他們的氣場卻有差異；愛因斯坦和法拉第雖然同為科學家，但是他們的氣場亦是不同；洛克菲勒和他的父親雖然同為商人，但是他們也有不同的氣場……如同沒有兩片完全相同的樹葉一樣，也沒有氣場完全相同的兩個人。就像有多少人就有多少音色一樣，有多少人就有多少個氣場類型。原本不應該把氣場以「正」、「負」來簡單地加以區分，可是為了方便你的理解，我們一定要如此泛泛地說。

因此，從一開始，「你想要成為什麼樣的人、擁有何種氣場（並非簡單的正和負）」這一點，你一定要先確定，每個細節都要細化，以免這些方法和理論無法被充分利用，反而認為我在講道理。

強氣場可以複製

對於自己的每個細節，假如你一時無法確定，「為自己找一個榜樣」可能是最簡單的方法，你可以問自己，「洛克菲勒和他的父親」，你到底想要成為誰；「羅斯福和拿破崙」，你究竟想要成為誰……每個榜樣都並非相同的，但是你的選擇必然是最適合你的，你前進的方向由他為你指明，即使你最終無法變成他的模樣。

三分鐘熱度的危害

對於「你不想要的想法」，相信你絕對不會留存於頭腦中，徹底地改變大腦的運轉方式，是可以真正將氣場正負改變的方法。我們必須培養自己「萬人迷」的心靈，才可以讓自己的氣場變得宜人。比較「強大」和「親和力」，其實親和力更重要，否則我們身邊的很多人都有可能因為我們變得強大的氣場而被趕走。

假如你沒有宜人的氣場也沒有關係，更不必灰心沮喪。因為這些問題，在你透過本書的學習以後可以徹底解決，只要你付出一些耐心去練習，你的氣場就可以從最糟糕變成最宜人。

人們可以隨意（whimsically）改變自己一時的心理，這是顯而易見的。可是，只有真正培養親和力的氣場，才可以塑造美好的心靈，前提是要持之以恆。

在此，我要對「馬太效應」[2]予以應用。你如果開始培養自己的積極態度，你的心之天平就會更傾斜於積極的方向。心理狀態就像酵母，它如果進入你的心靈，就會開始不斷增強，它會自我複製，直到充滿整個心靈。

這裡所說的既包括消極的心理狀態，也包括積極的心理狀態，但是一定要記住以下這個令人振奮而且充滿希望的事實：一個消極的對應物，會被一個積極的心理狀態打敗。因此你可以明白，這就像把一個水桶裡的水舀向另一個水桶，每舀一毫升，兩個水桶相差的就是兩毫升。最佳的消滅並且擊潰消極思想及態度的武器，就是把一些積極的幼苗種在它們原來生長的地方。這就像陽光將黑暗驅散一樣，想要驅散黑暗，你不必特地騰出時間，因為陽光的到來會自然地驅散屋子裡的黑暗。

內容概要

一・由於身心狀態不對，所以氣場不對，導致氣場為負；由於心態不合，所以氣場不合，導致氣場顏色不合。

二・由於氣場相合，所以我們本能地被相似的氣場吸引。積極向上的氣場會吸引我們，原因是：我們想要感受陽光，並且對消極氣場充滿恐懼，猶如避開烏雲一樣，原因是：那樣的氣場不對。

三・把有益的食物餵給自己的心靈。

四・一個人的聲音、表情、走路的姿勢，取決於其心理狀態，甚至隨著自己心理狀態的改變，他的外貌也會慢慢地發生變化。

五・人們接受積極思想的速度，超乎想像。它會被心靈迅速抓住，如同海綿吸水一樣；積極思想影響環境也極為迅速，就像澱粉遇到碘水瞬間就會變成藍色一樣。

六・心靈練習，貴在堅持。人們可以隨意改變自己一時的心理，可是只有真正培養親和力的氣場，才可以塑造美好的心靈，前提是要持之以恆。

七・你如果開始培養自己的積極態度，你的心之天平就會更傾斜於積極的方向。

1. 狄奧多・羅斯福（Theodore Roosevelt Jr.，一八五八年十月二十七日—一九一九年一月六日），美國歷史學家、政治家，第二十六任總統（一九〇一—一九〇九）。

2. 馬太效應（Matthew Effect），指強者越強、弱者越弱的現象，廣泛應用於社會心理學、教育、金融以及科學等眾多領域，出自《新約聖經・馬太福音》中的一則寓言：「凡有的，還要加給他，叫他有餘；凡沒有的，連他所有的也要奪去。」「馬太效應」與「平衡之道」相悖，與「二八法則」有相類之處，是十分重要的自然法則。

第九章

二十二・五個小時改寫命運

看到完美的自己

在本章中，將會談及一個終極練習，你的命運會因此而改寫。**對於你想要擁有的一切，你用二十二·五個小時的代價就可以換來。**在開始之前，必須牢記這個練習的依據和結果：

一·應用心理學的一個定律——人們可以改變自己。

二·塑造全新的自己，需要二十一天；穩固自己的新面貌，需要九十天。

三·在任何人（包括陌生人）的面前，你完成九十天的練習之後，就可以將自己最強的氣場隨意地調動。

四·所有我們總結出來的高氣場的標準，都不是我告訴你的，而是你的身體告訴你的。

現在，你需要一面鏡子，在鏡子裡，你可以完整地看到自己腰部以上的部分。站在鏡子面前，彷彿自己在看著另一個人，看著鏡子裡面的自己，要積極而堅定。

其實，你要想像自己就是在看著另一個人，原因是：「對待別人而不是自己」是這個練習的最終用途。然後，對著你想像中的那個人——鏡子裡的那個人，擲地有聲地告訴他：「我很強大！」或是「我是一個強者！」（對於我到底在說什麼，你千萬不要弄錯了：這些話絕非你隨便想想或是說說就可以的，你必須真正地覺得自己確實很強大，所以必須要告訴自己，你很強）

在練習的時候，依託於我們之前的各種訊息，同時感受此時的心理狀態，對你自己的臉部表情、眼睛的光亮、嘴角的紋路、語言的氣勢予以感受並且觀察，對身體的姿勢、動作（腹部、腰部、頭部、胸部、脊柱、肩部）也要予以感受或是觀察。感受它們並且將它們記住，直到在陌生人的面前，你可以隨意地調用它們。

此時，你可以在心裡想著自己最佩服的氣場高手，讓鏡子裡的你與他融為一體。對自己這一刻的心理、表情、眼神、聲音、姿勢、動作，予以感受並且觀察。同樣地，也要感受它們並且將它們記住，逐漸讓其成為你的一部分，直到在陌生人的面前，可以隨意地調用它們。

每天持續這個練習十五分鐘，堅持二十一天，然後再鞏固六十九天，直到它們變成你的一部分。

這是一個全程只需要十五×九十=一千三百五十分鐘，總共二十二・五個小時的練習。經過二十二・五個小時之後，在你的潛意識中，這個理想中的氣場就會扎根，在陌生人的面前，你就可以隨時地調用它，並且發出這樣的氣場。如此一來，我們練習的目的才算是達到了。

長大——像嬰兒一樣

這是一個集中本書的精華，同時十分有效的練習。因此，為了加深你的印象，我有必要重複一遍。猶如我們在上文中闡述的那樣，也像你不必用語言來對你的手舉起來或是腳邁出去發號施令一樣，你不可以用顯意識要求自己的氣場。對於自己氣場強大時的心境、臉部表情、眼睛的光亮、嘴角的紋路、身體的姿勢、聲音的氣勢和動作，一定要細心感覺。你把感覺到的和觀察到的一切全部記在心裡，並且透過鍛鍊，把它們儲存在自己的潛意識裡，直到它們完全被潛意識接受。如此一來，對於這個最強的氣場，你就可以像說話或是走路一樣，自然地操控！

最初練習氣場的人，就像在學習走路的嬰兒，原因是：嬰兒的成長過程如同於氣場的練習過程，嬰兒的成長結果也如同於氣場的練習結果。嬰兒如果想要對某些動作進行模仿，並且最終變其為自己的動作，首先要看到別人做出某些動作。嬰兒大多會感受父母的氣場，然後對這些氣場進行模仿，最終形成和父母性質相仿的氣場。

有一點需要注意：在練習的時候，你必須強烈地認同傳達出去的「我很強大」的訊息，對「自己的氣場非常強大」這一點深信不疑，並且同時渴望自己的氣場極其強大。必須記住：在練習的時候，你應該「相信」自己極其強大，而不是「要求」自己強大。

經過二十二・五個小時的練習之後，這些強氣場的心靈狀態和身體狀態已經被顯意識不斷地刻在潛意識中的時候，你自己的氣場就可以被你自如操縱，並且在陌生人的面前，那些影響你氣場的身體狀態和心理狀態都可以被你隨意調用。

那將是一種奇怪的感覺，你會發現自己充滿力量，身邊的每個人都可以被你「感染」，如同打噴嚏傳染流行性感冒一樣，屢試不爽。

完成第一步之後，即完成鏡子練習的時候——也就是你對自己已經很滿意的時候——下一步就是付諸實踐。

實踐

完成鏡子練習以後，接下來必須進行實踐。獲得強大氣場的最終目的，是在人際交往中應用你強大的正氣場，以實現各種具體的目的，而非「擁有這種強大的氣場」是最終目的。氣場的實際應用，即在人際交往中可以幫助你更輕鬆地實現自己的各種渴望。為了加以說明，現在舉出兩個有代表性的例子。

求愛的時候

心理狀態：強大的氣場（透過以上訓練已經得到的）＋這樣的目的——「你會愛上我，不是嗎」。

身體狀態：腳步要舒展＋頭部要揚起＋胸部要挺起＋脊柱要挺直＋腹部要收緊＋腰部要提起。

眼神狀態：眼睛投向對方。

語言氣勢：溫柔與堅定。

面對談判對象

心理狀態：強大的氣場（透過以上訓練已經得到的）＋這樣的目的——「你會簽合約」。

身體狀態：腳步要舒展＋頭部要揚起＋胸部要挺起＋脊柱要挺直＋腹部要收緊＋腰部要提起。

眼神狀態：眼睛投向對方。

語言氣勢：堅定與信心。

在一些類似的實踐中，一個嶄新的自己、一個新生的自己、一個強大的自己，會讓你驚詫不已！因為經過二十二・五個小時的練習，你的命運已經被自己徹底改寫！

內容概要

一・我們的一生，會因為二十二・五個小時而改變。讓你記住最強的自己，隨時可以變成那樣的自己，就是鏡子練習的一個目的。

二・塑造全新的自己，需要二十一天；穩固自己的新面貌，需要九十天。

三・你的氣場強度也會像嬰兒會長大一樣，必然會大幅度提高。

四・「渴望」的作用一定要在實踐中發揮。

五・由於身心狀態不對，所以氣場不對；由於心態不合，所以氣場不合。

第十章

迷倒所有人

神光

我不相信神佛的存在，因為我是一個無神論者。然而，歷史上確實有耶穌和釋迦牟尼，這是我知道的，他們是宗教領袖。雖然人們將他們神化，但他們都是人，只是與普通人相比，他們的魅力強大許多，因此大批的學生或是信徒聚集在他們的周圍。在人們的眼中，他們絕對不是常人，於是在科學不發達時期，人們尋求精神寄託的心理被神化的偶像滿足。因此，人們神化他們，後人們把「光環」畫在他們的肖像或是塑像的頭上。

這個光環是什麼？在解釋這個現象的時候，根據以下的闡述就合情合理：神佛不存在，存在的是掌握神佛一樣技術的人，宗教領袖的這種東西將信徒感染了，覺得受到召喚，就在領袖的周圍團結起來。對於這到底是什麼，信徒根本無法解釋，所以把那個東西指定為上帝之光。正是由於他們對把自己召喚到一起的究竟是什麼無法理解，只能假設必定有什麼環繞領袖們，因此耶穌和釋迦牟尼的頭上被畫師和雕塑家理所當然地加上一個光環。**事實上，根據我的理解，氣場的實體化就是這個光環。**

這樣的光環也存在於拿破崙的某些畫像上，這是出於軍隊都狂熱地追隨他的原因；由於人們的相信，聖女貞德的畫像也總是被神光環繞。對於統治者到底在用什麼吸引人們，相信無人可以充分地解釋。

實際上，這個光環也存在於我們的身上或是頭上，只是它在一般情況下很弱。像宗教領袖或是拿破崙皇帝那麼強大的狀態，有幾個人可以做到？但是，我們自己對別人的影響力卻是可以提高的，只需要一定的練習即可。

捲心菜效應

透過之前的學習，關於怎樣提高自己氣場強度，以及改變自己氣場性質的方法，相信你們已經掌握到了。面對一個人的時候，以上的內容極其有效。事實上，面對一群人的時候，如果採取同樣的措施，我們的氣場也會感染這一群人。當然，面對一群人的時候，必然有很多不同於面對一個人的情形。在本章，我不準備再進行大量的論述，因為你可能已經厭倦這種枯燥的論證過程，因此我會列舉幾個事例，讓你從故事中對這個極其有效的「捲心菜練習法」予以理解。

關於一個美國教授的例子，是我遇到的最有趣的例子。他是一位生物學教授，擁有廣大的讀者，生物學專家和學生十分熱衷於他的專著和雜誌上的連載，可是到現場聽他的講座的人卻總是寥若晨星，這是因為，他的課無法使學生集中精神；換言之，他是天才般的研究者，但卻是一個很失敗的教師。

有一次，他到巴黎向我抱怨自己的境遇。我開出一個很簡單的藥方給他：在一個空蕩蕩的教室裡的每個座位上，我都放上一顆捲心菜，讓他對著這群「學生」講課——我也身在其中。我讓他在講課的時候，持續地重複自己的願望：「你們在認真聽我講課」、「你們完全集中注意力」，同時努力感知自己此時的語氣、說話的速度、身體的姿勢、心理的狀態。逐漸地，他開始改變自己說話的語氣、聲調、強度，以及身體的姿勢和動作。在我的陪伴下，他的進步神速，一個月之後，他竟然「脫胎換骨」，變成另一個人。

經過捲心菜練習以後，這位教授雖然第一次面對學生的時候，並未將面對「捲心菜學生」的水準充分發揮出來，可是很明顯，他已經進步了，同時在持續的實踐下，他的講座經常爆滿，有時候走廊上甚至擠滿旁聽的學生——他終於成為一位受到所有學生歡迎的講師。

幾年以前，在巴黎，我有一個女學生，異常溫和的她有如此的性格特點——害羞、膽怯、敏感。事實上，敏感這個詞語被談到的時候，相信她究竟是一個什麼樣的女人，或許你已經知曉了。她是一個很有才華的人，是畫油畫的，可以說是一個相當出眾的藝術家，同時出於她溫文爾雅的性格，許多和她志趣相投的朋友聚集在她的周圍。

然而有一天，她向我抱怨自己生活得十分疲憊，因為她總是在巴黎的街道上遭到明顯的粗魯對待，甚至是顯而易見的虐待。她說別人總是碰撞自己，她覺得自己被推來推去。此外，在商店裡，售貨員對她一副不想搭理的模樣，可是對別人卻極有禮貌，她對巴黎這個城市已經傷透了心，罪魁禍首就是這些遭遇。

最初，在我看來，這是一個敏感的女人自己在胡思亂想的情形，原因是：無論在街道上還是商店裡，眾所周知的事實是——巴黎人總是彬彬有禮，尤其是對待女性。如果她真的遭受那些不公平的待遇，也很有可能是她自己臆想出來的。但是，她極其苦惱的模樣還是讓我決定一探究竟——我想要知道她說的話到底有幾分真實性。

我悄悄化裝——我的一個偵探學生教給我這些技巧——接著尾隨其後，跟著她在街道上和商店裡閒逛，一直跟了幾個小時。我敢說，結果是讓我感到驚訝的，我甚至有些義憤填膺。更嚴重的，有時候我幾乎無法控制自己憤怒的情緒。竟然真的有那麼多可惡的男性，在這個以對女性尊重自居的城市，殘酷地對待這個弱不禁風的少女。

這些巴黎男人，把自己打扮得油頭粉面、西裝革履，自己的襯衫也要熨得筆挺，然而他們的內心竟然這般卑劣，對於碰撞年輕女性，他們好像有特殊的癖好，並且窮盡心思地從中取樂。對於我的這個學生，他們就像一群蒼蠅偏愛糖果一樣，好像也有特殊的癖好，在表現自己的粗魯和膽怯的猥褻方面，他們極盡能事。

我的這個學生，被很多男人粗魯地擠來擠去，可是不看她一眼，似乎在他們身邊的是一個物體，而非一個活生生的人。在商店裡，她的遭遇也表示她並未說謊，這已經得到我的證實：店員及商店裡其他的顧客沒有友善地對待她。

實際上，她並無任何招人的特別之處的外表，而且穿著普通的她也不像社會底層人士，更重要的是，她是一位秀麗的美人啊！因此我告訴她，這些「迫害」是她內在的原因「招」來的。

回家以後，我對這些症狀進行仔細研究，然後把藥方開給她。我跟她說，內心「過度的謙虛」是她所有問題的來源。總之，一個自卑的光環被她自己掛在身上。周圍的人正是被這個光環招惹了，所以對她有這般舉動，把她擠下主路，向路邊擠去；對她出言不遜，或是非常冷淡。她的光環既是消極的，又可以吸引消極。換言之，那些消極的行為是她的負氣場招來的，以至於她被街道上的人和商店裡的人欺負和粗魯地對待。

分析這些之後，我開始教導她怎樣借助鏡子練習改變自己的光環——氣場。她對著鏡子說：「躲開！女王駕到！」「我是女王，你們（她周圍的人）都是我的臣民！」此外，她把自己的身體姿勢進行調整，並且練習自己的眼神，還有很多其他誇張的練習：「過來，女王需要你的服侍！」「女王的奴婢，向我鞠躬！」——這是她對著鏡子裡的店員所說的話。

或許你已經發現了，「故意誇大的成分」包含在我開給她的藥方中。**確實，我遵循一個原則：矯枉必過正。必須下猛藥，才可以使她盡快克服自己的自卑和軟弱。**

三個星期之後，提高氣場的技巧已經被她完全掌握了，她讓自己變成高貴的女王，她也已經習慣這種氣場，女王應該有的身體姿勢、語氣、眼神都被其掌握。此時，她開始把自己的氣場施加在路人和店員身上。

結果十分令人滿意。就像一個女王在邁動自己的腳一樣，她的腳踏上人行道的時候，在她的正前方，人們自動地讓開，有些人甚至微微頷首，就像見到女王要脫帽一樣。那些粗魯的男人不敢接近她，更不敢排擠她。在商店裡，沒有任何一個店員敢輕視她，即使她並未受到法國皇后的待遇。顯然，她的「疾病」已經徹底康復了，而且她仍然保持高貴的氣質，直到現在。後來，女王的舉止被她放棄了，但是自尊、自信的心靈和身體姿勢卻被她保留了。自尊、自信的感覺從她的身上發散出來，讓每個陌生人都不敢輕視她。

此外，還有一個關於我的一個美國學生的例子，他是一個優秀商人的兒子。這是一個受過良好教育、穿著講究的年輕人，同時在其父親的教導下，他擁有成功商人的所有特質。然而，如此優秀的他，卻有一個很苦惱的地方——他無法與別人做真正的朋友。在別人的眼中，他是一個冷冰冰的商人，即使絕對精明，絕對誠信，可是做朋友還是差一點。自己的父親遇到棘手的商業問題之時，他總是可以幫忙解決；面對客戶的時候，他總是可以說出有力而且極富邏輯性的話，但他就是交不到任何朋友。絕望的他，認為自己有精神疾病，因此不遠萬里，穿過大西洋來向我求助。

我立刻告訴他，他沒有任何問題，根本沒有精神疾病。我只是把一個簡單的方法提供給他——沒錯，就是前文提到的鏡子練習法。我讓他對著鏡子說：「我們將會是朋友」「你很喜歡我，不是嗎？」逐漸地，不只有傳達對生意成功的信心開始存在於這個年輕人的氣場中，他開始可以與生意上的夥伴成為朋友，他的父親對此詫異無比。

他開始擁有親和力和友善的氣場，雖然他不刻意想要和誰交朋友，但是他身邊的朋友卻逐漸增加，好像所有人都情不自禁地喜歡他，樂於與他交往。顯然，他徹底地脫胎換骨，他的問題自然也解決了。

你可以看到，這件事情就是如此簡單。表面上看，這個方法如同孩子的遊戲一般，然而這是生命的秘密之一，而且是一個很大的秘密，這一點你要記住。由於效果卓著，作為報償，他堅持要給我一千美元，但是因為很簡單——我並未花費多大力氣，所以只收他一百美元。

還有一個是關於一個女演員的有趣例子，她確實是一個美人，演技也很好，但是「魅力」差了許多，人們都覺得她不夠迷人。換言之，「缺少靈魂」是多數導演們給她的評價。她來找我，向我求助的時候，不僅沒有預付訓練費，反而第一句話就是：「問題要是不能解決，我是不會付錢的。」當時，我非常失望，可是我決定為她上兩堂課，第一堂是氣場課，第二堂課是——千萬不要蔑視我的能力。

她註定會成功，經過訓練以後的她，幾乎折服、傾倒每個男演員，她演出的真實感也打動每個觀眾。她的每句台詞、每個動作看起來儼然成真，絲毫「表演」的成分不摻雜於其中。我應該得到的報酬，最終也從她那裡獲得了，但是她又出現新的麻煩：公司裡的那些高層都來找麻煩，原因是：他們都情不自禁地愛上她。為此，她必須耗費心神，打消他們的愛意，因為她已經愛上別人——我。她就是伊莉莎白・布朗，我現在的妻子。（我覺得，她如果沒有因為我而放棄演藝事業，現在應該已經紅透半邊天，或許毫不遜色於瑪麗蓮・夢露）

要說完所有的故事，可能會浪費很多時間，同時我也覺得沒有必要，透過這幾個真實的案例和故事，我到底要教給你什麼，相信你已經可以明白了。方法很簡單，你只要給自己開一個藥方就可以了。

不同的人雖然應該有不同的藥方，可是有兩個藥方卻是比較通用的：「你們是一群白菜！」「你們是一群孩子！」

我要說的「捲心菜練習法」就是這個，它是一個鏡子練習法的變形，差別只是現在你面對的不是個人，而是一個群體。

內容概要

一・神佛頭上的光環，是假想的氣場的實體化。

二・改變氣場性質的有效方法——捲心菜練習法。

第十二章

氣場對決與「示弱」

氣場之間的對決

與自然界中的其他「場」（field）——諸如磁場、電場、引力場——一樣，氣場也有強弱之分。相斥的兩個氣場，必然是強氣場佔優勢，弱氣場被打敗，它們是不能共存的。實際上，隨處可見氣場的碰撞，在任何一個穩定的環境中，只能有一個強大的氣場支配這個環境。這個問題也被奧利弗・溫德爾・霍姆斯[1]認識到，對此，他在書裡這樣寫道：「與印第安人待得久了，你就會明白他們是如何開戰的。談判中，酋長之間在說話之前就用眼神進行較量，最初雙方不開口，但是你卻可以在他們的沉默中感受到那種刀光劍影。一般來說，他們不用語言進行交流，拼的只有氣勢，談判的結束與否，取決於其中一方的氣勢是否被壓下去——此時，歐洲人總是感到奇怪：怎麼還不開打？」

英國已故的著名醫生福瑟吉爾博士（Dr. Fothergill）曾經寫過一本書，內容如下：「**眾所周知，或是至少聽過氣勢之間的較量，那是高速運轉的大腦在同一個環境下的對決**。然而，這究竟是一種什麼氣勢？對方被什麼影響？對方為何接受我們的思想？是意志力嗎？對方被思想背後的意志力影響嗎？在我看來，這是唯一的解釋，除此之外，沒有什麼可以說得通。**對決的**

氣勢，是人和人的交往中決定勝負的關鍵。」假如我們用「氣場」來替換這段文字中的「高速運轉的大腦」、「意志力」，這段話仍然成立，如此一來，他的這本書就完全契合於本書講述的概念。（然而，他是一個醫生，他不敢這樣做，原因是：迫於維多利亞時期英國的道德標準，以及他自己科學家的身分）

對於生活中的一個事實，我們可以回憶一下：為什麼有些顧客知道推銷員的物品對自己沒有用，但還是會買一些？實際上，推銷員使用什麼策略、說了什麼話，以及顧客可以因為這些東西而得到什麼好處，絕非成功行銷的奧妙，而是在於顧客被推銷員強大而有親和力的氣場征服了。

在生意場上，兩個人相逢——以至於生活中的任何其他情況，例如：求愛——所有的戰爭都是在於意志之間的較量，而不是在於唇舌之間。面對一個人的時候，我們會很本能地預測到結果：這個人會喜歡我！我必定會贏得這場官司……即使我們還沒有經歷過程，可是結果已經被我們隱約預測到。我們可以在對方的氣場明顯低於我方的時候預料——我必定會在這場對決中勝出。

只能有一個「蜂王」

我認識一對兄弟，他們曾經開了一家餐館，主要販售義大利麵。隨著時間的推移，兩兄弟的事業蒸蒸日上，他們不斷地在全國成立連鎖店。然而，兩個人的分歧卻在事業不斷攀升的時候變大了，導致作為副總裁的弟弟因為無法忍受哥哥的壓迫而犯下弒兄的罪行。

兩個人在一起的時候，假如覺得不自在，覺得對方帶有極具攻擊性的氣場，甚至已經「殺氣騰騰」，註定要拼個你死我活。

實際上，隨處可見氣場的碰撞，在任何一個穩定的環境中，只能有一個強大的氣場支配這個環境。本章討論的重點即在於此：一山必須存二虎的時候，即兩個都有支配欲望的氣場要互相重疊的情況。對於這個情況，我要說，存在互相重疊的兩個強氣場的時候，如果想要建立穩定的關係，就要有一方壓過另一方；許多強氣場重疊的時候，這個環境想要穩定，就要有一個主導性的氣場。在一個蜂巢中，只能有一個蜂王存在，一方如果無法咬死另一方，這群蜜蜂就會像蜂巢裡沒有蜂王一樣，迅速地消亡。

在婚姻生活中，不存在「絕對的平等」的原因即是如此。一般來說，要經過幾年以後，才可以確定「夫妻雙方究竟誰佔據主導地位」這個事實。

學會「示弱」

依託於我的理論，那個慘劇被我解釋為：兩個強大的互相重疊的氣場無法分開的時候，這個環境如果要穩定，其中一個氣場就要主動臣服於另一個氣場。

此時，最佳也是唯一的策略，即一方的臣服——一方主動或是被迫將自己的氣場減弱，這是最好的方法。在古老的希臘，人們在解決問題的時候，選擇「黃金法則」（golden rule），因此那是一個非常和諧的社會，人們和睦相處。在一個團體中，只能有一個統率眾多氣場的「主要場」，其他的「小場」不能威脅到「主要場」，這就是自然法則。

你無法成為主導氣場的時候，主動地選擇臣服，也就是主動將自己的氣場減弱，就可以和主導氣場相處融洽。在古老的東方哲學中，這種方法稱為「示弱」。聰明的人都懂得示弱，可以因此而免於受到另一隻老虎的攻擊。**如果你不是一隻強壯的老虎，卻把老虎的氣勢散發出來，很容易受到威脅和傷害。**兩個強大的氣場重疊的時候，堪稱完美的解決方案，即「示弱」。

如何示弱？

怎樣把自己的氣場減弱？停下或是減慢你高速運轉的大腦是不可能的，我也不建議任何人以改變自己心靈的方式去做其他事情，你只要減弱自己的身體氣場。改變身體氣場的方法很簡單，只要反過來去做已經教過你的技巧就可以了。

第一，把你的肩膀稍微收縮，把你的腰部稍微彎起，把你的腹部稍微放鬆，把你的胸部稍微收縮。

第二，不要總是直視，改變你的視線方向。

第三，盡可能不發表自己的意見，即使要說，也不要太堅定。

然而，在我們這個國家，甚至整個歐洲的文化氛圍裡，這個道理卻是任何人都不瞭解的。因此，在自稱文明的歐洲，內部總是存在不斷的爭鬥，可是最後自己總是被自己打倒。有一個情況往往存在於國與國之間，還有國家內部：兩個非常強大的氣場同時存在於一個圈子裡不斷地爭鬥，誰也不肯放棄。結果，歐洲大陸總是處於水深火熱之中。現在，我們向東方學習的時刻已然到來，而且我們要學的還不只這些。

內容概要

一．人際交往中的成敗，由氣場對決的勝負來決定。在同一個環境中，高速運轉的大腦之間的對決，就是氣勢之間的較量。

二．所有的戰爭都是在於意志之間的較量，而不是在於唇舌之間。

三．一個蜂巢只能有一個蜂王，一山不容二虎。

四．實際上，隨處可見氣場的碰撞，在任何一個穩定的環境中，只能有一個強大的氣場支配這個環境。

五．在一個團體中，只能有一個統率眾多氣場的「主要場」，其他的「小場」不能威脅到「主要場」，這就是自然法則。

六．聰明的人會主動選擇示弱，示弱其實很簡單。

1. 奧利弗・溫德爾・霍姆斯（Oliver Wendell Holmes Jr.，一八四一年三月八日—一九三五年三月六日），美國著名法學家、美國最高法院大法官，美國詩人老奧利弗・溫德爾・霍姆斯之子。

第十二章

氣場提高練習彙編

習慣

面對一個人的時候，視線要落在對方的鼻頭靠上一點的位置。面對一群人的時候，想像自己面前是一堆捲心菜。

握手的時候，一定要真心實意，不要太粗暴，或是握的時間太長。與對方握手的時候，必須讓對方感覺到自己的重要性，握住一會兒，然後好像很不情願地鬆開，必須要真誠。

強化渴望練習

對自己說：「我渴望……」

每次十秒，每天三次。

持續二十一天，鞏固六十九天。

腰腹練習

向內向上運動自己的腹部肌肉，重複數次，然後固定在那裡，同時拱動腰部下面一點，每天十次。

仰臥起坐，不限次數。

伸展練習

一・雙手手指交叉，雙手握住，翻轉雙手，並且高舉雙手超過頭頂，用力伸展雙臂，讓其盡量伸長。在做這個動作的時候，要輕柔地、隨意地，只要牢記一點——盡量伸長手臂，然後緩慢地收回來，重複數次。這個動作只是把打哈欠的動作變形，變得更文雅，但是同樣有效。

二・左手靠背，右手搭在左邊肩膀上，身體朝左扭動，然後再扭向右邊，重複數次。左手同理。

三・把你的右腿伸出，用右手把膝蓋壓住，身體向下壓幾下。左腿同理。

四•順時針、逆時針緩慢地扭動脖子數圈。

五•把右手手指伸開，左手手指交叉於右手手指，像練習脖子一樣，讓右手掌圍繞右手腕關節前後運動，然後扭動右手腕關節。左手同理。

六•右腳掌伸直，像練習脖子一樣，讓右腳圍繞踝關節前後運動，扭動右腳掌。左腳同理。

七•擴胸。盡量向後移動雙手，胸部挺起，讓其盡量向上向前挺起，重複數次。

八•脊柱挺直。向上仰起頭，緩慢地向後傾斜身體。有時候，你可以聽到自己的脊柱舒暢的嘎嘎聲。

九•軀幹彎曲。站直，雙腳可以分開也可以併攏，向右傾斜身體，同時盡量向右彎曲頭部、脖子、脊柱、腰部，左右各重複數次。然後向前傾，好像自己的手要觸到地面一樣，重複數次。

十•練習握拳。手掌和手指的能量可以被緊握的雙手啟動。雙手用力地握緊，持續幾秒鐘，然後放鬆，重複數次。

深呼吸練習

深深地吸一口氣，稍作停頓，然後慢慢地吐出去，如此重複兩三次。每天一～三次，在特定情況下——緊張、恐懼、生氣的時候重複三～六次。

清刷心靈練習

對自己心靈的特點，進行全面而誠實的檢視，暫且不提哪些是積極的特點還是消極的特點，然後列出一張清單。在自己的每個消極特點前面，畫上抹除這個缺點的對應物，然後在它的後面畫一個減號；相反地，把一個加號畫在每個積極特點上。這張清單，你要每天瀏覽，並且告訴自己：我要××，不要××。

鏡子練習

看著鏡子裡面的自己，要積極而堅定，堅定地對自己說：「我很強大」或是「我是一個強者」，並且對此時的心理狀態進行感受，對你自己的臉部表情、眼睛的光亮、嘴角的紋路、語言的氣勢予以感受並且觀察，對身體的姿勢、動作（腹部、腰部、頭部、胸部、脊柱、肩部）也要予以感受或是觀察。感受它們並且將它們記住，直到在陌生人的面前，你可以隨意地調用它們。

每天進行十五分鐘的練習，堅持二十一天，然後再鞏固六十九天，直到它們變成你的一部分，並且可以在陌生人的面前隨意調用。

原版後記——潛意識的作用

我是一個研究心理和人際關係的人，所以站在專業的角度，對於氣場的來源、作用、練習方法，我已經詳細解釋了，可是另一種解釋卻可以從物理學角度提出，我認為也很有意思。

顯意識的局限

我現在提出一個問題：在測量腦電波的時候，我們為何要把電極貼在頭上而不是遠隔五十多公尺？這個問題相關於一個儀器的靈敏性。肉眼雖然看不到，可是對於腦波的存在和可以發散到空間中的能力，卻是我們無法否認的。我們意識層面的自我不夠靈敏，就像在識別人類臉孔方面，猴子的感覺器官不夠靈敏一樣，牠無法立刻認出你是馬克還是艾倫。我們的潛意識有更強大的感受能力。再次，請允許我對之前說過的經歷進行重複，我自己有很多次，感覺似乎有人在盯著我的後腦勺，我回頭看的時候，確實有一個人在望著我。以下這些，是讓我們思考的科學事實。

有很多聲波和顏色波，是我們聽不見也看不見的。二十～兩萬赫茲是人耳可以聽到的聲音頻率範圍，也就是說，人類只能接收到空氣每秒振動的次數在二十次到兩萬次之間的振動。次聲波，即每秒振動的次數低於二十次的聲波；超聲波，即每秒振動的次數高於兩萬次的聲波。波動頻率達到450,000,000,000,000赫茲的時候，我們只能用眼睛而不是耳朵來感受它們，原因是：此時的波表現為顏色。人眼可見的光波頻率範圍也同樣很有限，紫外線即是超過可見範圍而人類的眼睛看不到的，我們需要特殊的儀器才可以感受這些光波。可見，面對自然界的時候，我們的感官能力極其有限。

潛意識的作用

你覺得物體可以被人類的意念移動嗎？答案很明確——不能。我認識許多自稱意念強烈可以移動物體，或是用意念把湯匙變彎的人，後來證明那些都是騙人的，同時那些人之中，很多都有精神疾病。他們假想自己擁有某種超能力，因此到處招搖撞騙。人類或是動物確實會被人類的精神影響，可是無法影響沒有生命的東西，原因在於：人類有意識，但是精神不可能影響沒有意識的物體。

有意識以後就不同了：你對嬰兒的喜歡，不必用語言來表達，他自己會感覺到。此外，他可以分辨出你是否足夠喜歡他。嬰兒有強大的「感受」能力，原因在於：除了直覺，他什麼都沒有。

他們慢慢地長大，懂得運用其他方法去認識這個世界的時候——或是說變成我們的時候，那些曾經的敏感是否被他們忘記了？沒有，他們只是把這種能力交給潛意識去處理。

我曾經調查和研究許多雙胞胎的孩子，發現他們之中，其中一個孩子會因為另一個孩子受到傷害而產生程度不同的情感焦慮，例如：毫無緣由地哭嚎不止。我不認同心靈感應這類的事情，因為它從未被確實的證據證明過，而且對於一般的玄學家所說的人類的想法可以傳遞的言論，我也不贊同。可是我相信，某些訊號可以被人類的潛意識——人類還是嬰兒的時候，只有潛意識——感受到，而且只能是人類發出的訊號。

人體是一個巨大的電路

每個人已經從不同的科學家那裡獲知，大量的電反應無時無刻不存在於人們的體內。大腦猶如一個電池組的正極，身體中的神經叢就像電池組的負極，在正負極之間，無數的神經都在導電。人體就像一個巨大的電池、一個巨大的電路。

哈佛大學的人體生物學專家貝恩（Behn）教授說：「人體是一個導體，同時大腦隨時都在放電，對身體各個部分的運作進行指揮。這已經由神經物質的結構，以及很多在神經和神經叢上進行的實驗證明。在人類的身體內部和周圍，充滿著電場和磁場。另一方面，所有形式的能量（光、熱、電、磁）的媒介——振動，已經被確定。生物電假如確實不斷地產生、不斷地運動於人們的體內，一個巨大的磁場和電場的混合體必然產生於人體的周圍，電磁場在持續地振動，神經系統的結構就像一個錯綜複雜的電力結構。

生物電無時無刻不被我們的神經系統傳導，如果法拉第先生的理論是正確的，磁場會因為流動的電流產生，電場會因為靜止的電產生，這些磁場和電場必然包圍於人體的周圍。

為什麼叫「氣場」而不叫「磁場」？

在生活中，個人氣場（personal atmosphere）和個人磁場（personal magnetism，或是稱為「個人魅力」）是近義詞，可是「磁場」的說法從物理學角度來說卻不完整，原因是什麼？你已經可以根據本書的內容而明白，如果從物理學角度理解氣場的理論可以站得住腳，影響力不完全是磁場（magnetism），腦電波、大腦和身體的電場、身體的磁場都包括其中，而且是一個綜合體。因此顯而易見，「磁場」這個說法不完整。

完美的氣場計畫

所有偉大的領袖都有非常強大的身體和生命力，他們可以積極地與自己的心靈氣場和身體氣場結合。他們在演講的時候，聽眾會完全受迫於他們的氣場而服從他們的命令。凱撒和拿破崙是典型的代表，他們對於怎樣利用自己的氣場，瞭若指掌。

其實，所有可以指揮別人的人都是值得研究的對象。只有多接觸這樣的人，才可以更好地研究並且學習培養自己的整體氣場。如此一來，從這些人的身上發散出來的力量，你不僅可以親自感受到，還可以用他為參考，將自己的氣場計畫細化。

在朦朧中，你或許擁有完美的自我形象。然而，模糊的形象卻是毫無價值的，它就像隨風飄浮的落葉，看似美麗多情，其實無依無靠。

你必須制定一個完美的氣場計畫，同時它也要充滿細節。選一間可以安靜地獨處的房間，輕鬆地坐著，徜徉思緒，想像一個完美的自我。針對不同的人，這個完美的自我有不同的內涵：人們很喜歡我，我人見人愛；所有人都會聽從我的安排，我的統治力十足；任何人都會被我的活力打動，我的活力非凡……完美的計畫因人而異，你必須勾畫出它，要細化，越具體越好。對於「自己已經擁有那樣的氣場」這一點，你必須用心靈之眼想像，然後在鏡子練習中對此時的心理狀態予以感受。在自己的想像和真實的眼中，你要不斷地看到完美的自己，用內心和眼睛接收這個完美的自己，讓自己對那個自己徹底熟悉。

每天進行十五分鐘的練習，堅持二十一天。二十一天之後，你就會記住這個完美的自己，並且會不自覺地在與別人交往的時候展現出來。

「只要願意，我們就可以改變自己」，這是應用心理學一個最根本的基礎。

心學堂 26

氣場修習術

作者　希恩・德瑪
譯者　劉霈
美術構成　騾賴耙工作室
封面設計　九角文化/設計
發行人　羅清維
企劃執行　張緯倫、林義傑
責任行政　陳淑貞

企劃出版　海鴿文化
出版登記　行政院新聞局局版北市業字第780號
發行部　台北市信義區林口街54-4號1樓
電話　02-2727-3008
傳真　02-2727-0603
E-mail　seadove.book@msa.hinet.net

總經銷　知遠文化事業有限公司
地址　新北市深坑區北深路三段155巷25號5樓
電話　02-2664-8800
傳真　02-2664-8801

香港總經銷　和平圖書有限公司
地址　香港柴灣嘉業街12號百樂門大廈17樓
電話　（852）2804-6687
傳真　（852）2804-6409

CVS總代理　美璟文化有限公司
電話　02-2723-9968
E-mail　net@uth.com.tw

出版日期　2023年11月01日　一版一刷
定價　320元
郵政劃撥　18989626　戶名：海鴿文化出版圖書有限公司

國家圖書館出版品預行編目（CIP）資料

氣場修習術：轟動全球100年的超級暢銷書
／希恩・德瑪作 ; 劉霈譯.
-- 一版. -- 臺北市 : 海鴿文化，2023.11
面 ; 公分. --（心學堂；26）
ISBN 978-986-392-504-0（平裝）

1. 人格特質　2. 成功法

173.75　　112016685